2128

Il a été imprimé

10 exemplaires numérotés sur papier de Hollande van Gelder

L'Art de la vie

R. DE MAULDE LA CLAVIÈRE

L'Art de la vie

La sagesse de la femme est
le don de Dieu même.

(*L'Ecclésiastique.*)

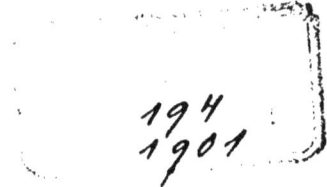

PARIS

LIBRAIRIE ACADÉMIQUE DIDIER

PERRIN ET Cie, LIBRAIRES-ÉDITEURS

35, QUAI DES GRANDS-AUGUSTINS, 35

1901

A

Madame la duchesse d'Ursel

née Mun

Madame,

Voici un petit livre, d'histoire plutôt que de philosophie. Il est souvent arrivé que des gens désabusés de la vie ont résolu fermement de ne plus la voir qu'à travers le prisme des belles choses, et de se borner à en prendre autant que possible la fleur.

C'est leur idée, en somme, que j'ai essayé de développer et d'adapter au temps présent.

Ce livre, sans prétentions, n'appelle pas une grande dédicace : pourtant, veuillez me permettre de vous l'offrir, tout simplement, en souvenir de nos graves conversations du Mont-Dore, dont vous retrouverez peut-être çà et là quelque trace.

R. M.

PREMIÈRE PARTIE

LA VIE INFÉRIEURE

CHAPITRE I

SI UN ŒILLET PEUT ÊTRE DOUBLE

Bien lire l'univers, c'est lire la vie.
Le monde est l'œuvre où rien ne meurt et ne dévie,
Et dont les mots sacrés répandent de l'encens.
L'homme injuste est celui qui fait des contresens.
On voit les champs, mais c'est de Dieu qu'on s'éblouit...
(V. Hugo.)

L'univers tout entier réfléchit ton image,
Et mon âme, à son tour, réfléchit l'univers.
(Lamartine, *La Prière*.)

J'appelle art le culte du beau, provoquant la sympathie et l'amour.

La beauté joue-t-elle un rôle nécessaire dans notre vie ?

Il suffit d'ouvrir les yeux pour voir autour de nous des choses belles et pour constater que la beauté répond à la loi de leur existence.

La nature est une grande artiste qui nous montre comment il faut vivre : elle agit par sélection, et la beauté est son but. Aux environs du Mont-Dore, par exemple, on se promène sur des tapis délicieux de pensées, d'asters jaunes, d'œillets rouges, de thym, de mille fleurs. Voilà son art. Pendant des mois et des mois, elle s'est recueillie, elle a germé, elle a travaillé, analysé, fait des prodiges de physique et de chimie, pour arriver à ce résultat : une fleur.

Elle est toute beauté. Combien elle dément ainsi la thèse de ses amis désordonnés, qui ne la rêvent que violente, sauvage, horrible! qui voudraient mettre un précipice dans leur salon !

Elle sourit, et elle attend une vie supérieure.

Ces œillets rouges sont tous pareils : bénie soit la main de l'homme, artiste à son tour, qui s'en empare pour les trier et les perfectionner encore !

L'œillet, de simple devenant double par une culture nouvelle, c'est ce qu'on [1] a appelé fort justement « la morale des désirs légitimes », c'est-à-dire le progrès.

Joli œillet, dans ce petit bouquet spirituellement dressé, tu éclates en pleine chair multicolore. Certainement, une poignée d'herbe cueillie au hasard plairait moins. Ce bouquet me donne une idée de perfection.

Là où ta vie normale s'arrêtait, une main supérieure t'a saisi pour continuer le mouvement et t'élever au-dessus de toi-même. Maintenant, tu as une fleur drue, une chair savoureuse, des couleurs diverses, franches, gaies, nettes, vivantes : tu es le régal des yeux. Et puis, tu es mon ami; tu me saisis par un parfum délicieux. Que faisais-tu donc là-haut, à l'état simple, sans parfum? Tu ne me

1. M. Gréard.

donnais rien : je ne pouvais que te regarder ou te fouler aux pieds. Tandis que les fleurs à parfum subtil sont des fées qui savent que nous avons besoin d'un peu de douceur, de confiance, d'intimité surtout, qui nous cherchent et nous pénètrent. Cet œillet remplit ma chambre : il est bon et beau. Je l'aime comme un cher ami.

Le monde entier est gouverné par des lois semblables; pour la fleur, pour l'animal, pour nous, il y a unité de règles dont le développement seul varie. De sorte que cette modeste fleur nous indique à merveille le plan que nous devons suivre. Elle a passé par de grandes étapes que nous retrouverons dans toute existence. D'abord par la raison : née humblement, elle a végété péniblement; puis par la beauté : elle s'est épanouie, elle a fleuri, essaimé. Et, enfin, elle a donné naissance à une vie supérieure, d'où résultent son état double, sa riche coloration, son parfum.

Tel doit être l'art de notre vie : tirer de nous-mêmes tout ce que nous pouvons donner, mettre en mouvement tous nos éléments de vitalité, nous épanouir pleinement.

Il y a des gens qui du bien même tirent le mal; on les mettrait au milieu d'un parterre de roses qu'ils n'y trouveraient qu'un fagot d'épines. L'art consiste non pas à forcer la vie, à la farder et à l'arranger, mais à savoir du mal même tirer le bien. Tout le problème est de récolter des œillets doubles au lieu d'œillets simples, pour embaumer notre existence. Ce problème, vous le résoudrez, si vous voulez.

CHAPITRE II

LA VIE DURE

Tous les hommes ont seulement un
besoin commun..., c'est le besoin de
vivre et d'être heureux. En cela se
trouve le lien naturel de tous les hommes.
(Richard WAGNER,
l'Œuvre d'art de l'avenir.)

Le fond de la vie est dur. Si, par hasard, vous
n'avez pas souffert, allez voir dans les faubourgs
la bête humaine, regardez ces figures hâves,
graves, cette fatigue sérieuse des traits, et vous
comprendrez comment se fabrique la vie, par quel
fumier épouvantable nous prenons racine en terre.
Notre vie sort de la mort. C'est tuant, de vivre !

Le besoin urgent de manger, de se vêtir, de se
défendre, crée cette rudesse primitive. Tout homme
naît entre un bœuf et un âne ; toute vie débute
par l'animalité ; elle est faite d'instinct, de force ;
elle résiste à la tempête par la solidité de ses
racines et par sa rudesse même... mais le chêne
éprouve-t-il une joie, quand il tient tête au vent ?

On entend souvent les poètes vanter la terre,
ses soi-disant souplesses, ses sourires : ce sont

des phrases ! L'homme des champs, toujours voisin de la lutte première, reste utilitaire. Votre
guide, votre cicerone admirera la beauté des
choses ; les autres n'en auront pas l'idée ; pour
eux, un rocher, c'est un cube de pierre ; un nuage,
c'est la pluie... Leur seul dilettantisme réside dans
une philosophie un peu fataliste. Ils ne se piquent
pas de remuer des idées, de s'analyser : ne
leur demandez pas si notre œil se compose de
microbes qui ont appris leur rôle, ou si nous
sommes une synthèse d'efforts vers une vie morale.
Ils voient, ils agissent, cela leur suffit, et la
réflexion même, chez eux, dessert quelquefois
l'instinct[1] : c'est par un phénomène semblable
qu'il nous arrive de mettre l'orthographe automatiquement, mais, si nous nous arrêtons devant
un mot, si nous réfléchissons, de ne plus savoir
comment l'écrire.

La vie dure produit la solidité, la ténacité,
le spleen, l'ennui, les esprits ramassés (car
les arbres qui filent le mieux au ciel sont
des arbres minces). Elle nous durcit l'épiderme :
et, certainement, on ne peut que louer les hommes
arrivés à cet état d'endurance, où on préfère un
coup de fouet à une caresse. Je ne sais rien de
vraiment beau comme la vie de certaines femmes
consacrées à leurs enfants, à leur mari, avec une

1. M. Bernard, *Darwin*.

abnégation, un courage et un silence admirables !
Soucis d'argent, maladies des enfants, vices du
mari, rien n'arrive à la hauteur de leur énergie.
Et il y a là une beauté si réelle qu'on a vu des
natures héroïques et exaltées s'en éprendre.
L'histoire nous montre des enthousiasmes de ce
genre poussés jusqu'à un délire sublime. Malgré
tout, on ne peut aimer véritablement l'épreuve que
parce qu'elle accentue le désir ou l'espérance d'un
bonheur futur. A ce titre, elle est précieuse, c'est
un réservoir de joies, elle prépare à jouir facilement. Certes oui, armez vos enfants d'un peu de
rudesse, pour qu'un jour ils soient sains et heureux, et qu'ils vous en sachent gré ! Mais, s'il ne
faut pas reculer devant les sauvageries inévitables
de la vie, il ne faut pas non plus s'y appesantir, et
ne songer qu'aux côtés fâcheux de l'existence. La
vraie vie dure, c'est la vie triste. Et la douleur
tient plus souvent à notre manière de ressentir les
choses qu'à ces choses elles-mêmes.

Ayez donc la force de secouer la vie dure ! Ne
courez pas au mal, ne l'aggravez pas de chagrins
imaginaires. Soyez résolues à faire fleurir la vie.
Ayez pitié de vous, et commencez par vous défendre
de souffrir.

CHAPITRE III

DE L'AGITATION

Il n'y a pour l'homme que trois événements : naître, vivre et mourir. Il ne se sent pas naître, il souffre à mourir et il oublie de vivre.

(LA BRUYÈRE.)

Je me dis alors : Figure-toi que tu as obtenu tout ce que tu désires dans cette vie ; figure-toi que tous les changements dans les institutions et dans l'opinion que tu as l'ambition d'amener, tu peux les effectuer dans un instant : serait-ce là pour toi une grande joie, le bonheur ? Et un cri de ma conscience que rien ne pouvait étouffer me répondait : Non.

(STUART MILL.

Beaucoup de personnes croient ne pouvoir mieux remplir leur vie qu'à force d'agitation. Franchement, est-ce la rendre aimable ? La vie est ce qu'elle est ; à quoi bon nous tuer à lui ériger une façade ? On nous rendrait souvent service de nous montrer le ridicule d'une foule d'obligations ou d'ambitions dans lesquelles nous nous consumons bien vainement. Faire ceci et cela « comme tout le monde », connaître tout le monde, saisir aux cheveux l'actualité, penser ce que tout le monde pense, voir les spectacles vus, manger les pâtisseries mangées, souffrir de la maladie dont on souffre, se griser d'une énorme activité qui consiste à ne rien faire... voilà un bel objectif de vie ! une vie de cirque, une vie d'écureuil. Le monde nous trouvera admirables, c'est possible, mais le médecin, devant qui nous irons échouer après avoir englouti tant de choses, nous traitera de dégénérés[1].

Il nous dira de quitter Paris, d'aller à la mer, à la montagne. Bah ! l'air de Paris n'est pas mauvais : ce qui est mauvais, c'est l'air moral que nous y respirons. Du reste, je ne comprends pas très bien comment, au milieu des risques de toute sorte, un Parisien peut arriver à âge d'homme sans avoir perdu un bras ou une jambe. L'extraordinaire, c'est de vivre.

Et beaucoup de gens, parmi ces activités inutiles, passent à côté de la vie, sans y toucher. On n'a jamais su qui ils étaient, on ne voit que leurs gestes. Franchement, il doit y avoir à la foire, parmi les pitres, bien des gens sérieux, si l'on en juge par ce qu'il y a de pitres et de frelons parmi les gens sérieux.

Ou bien je rencontre encore une quantité d'hommes graves, des notaires, des banquiers, des gens d'affaires, qui ne sont pas davantage des hommes : ils ne sont que notaires, que banquiers, que gens d'affaires. Est-ce là le bonheur ?

1. Dr M. de Fleury.

M. Rockfeller, roi du pétrole, est mélancolique.
Comme Charles-Quint, il désire abdiquer : mais
ce rêve lui est encore une nouvelle source de
tracas et de tristesses, car il cherche un mortel
assez bien trempé pour prendre à sa place le
sceptre du pétrole, et ce mortel... il a beau par-
courir les deux hémisphères, il ne le trouve pas...

Vous étonnerai-je, Madame, en confessant que
cette manie d'irréquiétude me paraît avoir déteint
sur quelques femmes? Vous-même, ne vous juge-
riez-vous pas un peu déshonorée si on vous sup-
posait susceptible de rester chez vous? Causer,
écrire, voilà des choses antédiluviennes. On lance
des mots, des billets, en style industriel ou télégraphique; on se voit au pesage, au polo, dans des
conseils charitables, à des « fauteuils » de prési-
dence. Puisque l'homme domine, on croit se faire sa
place dans le sexe absorbant en se masculinisant
le plus possible.

Mais, outre que la plus charmante des femmes
ne fera jamais qu'un homme assez médiocre et
vice versa, on ne voit vraiment pas en quoi le
spectacle des agitations viriles doit tellement
tenter les femmes qui pourraient vivre tranquilles.
Remuer, dépenser, se moquer de tout, ne rien
prendre au sérieux, ne s'émouvoir de rien, la
belle philosophie ! Avec beaucoup d'argent, de
titres et de décorations, bien des hommes arrivent
ainsi à marcher à quatre pattes, et même à s'y trou-

ver bien, comme ce brave homme changé en porc
par la magicienne Circé, et qui refusait absolument
de reprendre sa face première. Mais toutes nos
agitations ne représentent en réalité qu'un vernis
d'égoïsme, et, à ce titre, on ne peut pas désirer
qu'une femme s'y complaise. Il lui faudrait, d'ailleurs, forcer sa nature pour arriver à un égoïsme
aussi parfait. Cet égoïsme est bien rare chez vous,
Mesdames, et souvent, après que la perte de ceux
que vous aimez a réduit votre cœur dans ses derniers retranchements, il se trouve que la mort
arrive encore plus tôt que l'oubli.

CHAPITRE IV

DU BONHEUR DE NE RIEN FAIRE

Trouverons-nous au moins la joie dans le bonheur de ne rien faire?

Je reconnais que, pour quelques femmes, il y a une certaine sagesse dans la paresse. N'ayant pas l'habitude de ce qu'on peut appeler travail, astreintes souvent à des périodes de vraie oisiveté forcée, elles préfèrent ne rien entreprendre de sérieux, afin de ne pas gâcher leur activité.

C'est un raisonnement que font aussi beaucoup d'hommes, pour peu qu'ils aient un revenu, ou simplement l'espoir d'en épouser un. Ils se disent que travailler cause des soucis, suscite des envieux, des jaloux : l'ignorance a son art, qui est celui de briller à peu de frais, et l'on en est quitte, le jour où on veut être décoré, pour inaugurer une statue en l'honneur de quelque savant bien et dûment mort. Et, en attendant, c'est une sensation si agréable, c'est une chose si utile à la tranquillité de la patrie que de fumer son cigare,

sans penser à rien, sans rien désirer et sans viser
à la perfection !...

Si agréable ! Mais voyons, Monsieur, soyons de
bon compte : vous faites toujours quelque chose,
ne fût-ce que fumer, chasser, lire votre journal,
émettre des vues politiques, monter à cheval,
manger, digérer... Seulement, ce sont choses inutiles à autrui. Il est fort heureux, avouez-le, que
tout le monde ne professe pas les mêmes principes d'idéal parasitisme, car alors qui vous nour-
rirait ?

Si encore on pouvait dire sûrement : « Malheur aux pauvres, gloire aux riches ! » on prierait
les pauvres de se repaître à respirer le fumet de
quelques cuisines. Mais non ; l'inutilité prétend s'imposer comme un cachet de distinction,
et, alors, la vanité, souvent plus âpre que
le besoin, suscite de violentes animadversions
sociales, surtout parmi les ouvriers assez intel-
ligents et déjà assez riches pour avoir conscience
du luxe.

Cette conscience du luxe, malheureusement, nos
progrès matériels ne servent qu'à la développer,
en établissant partout des contacts purement matériels. L'argent, et lui seul, classe les voyageurs
en chemin de fer ; nous devenons tous de purs
colis, les uns capitonnés, les autres non. On nous
estime au poids de notre argent, qui est pourtant
une cause ordinaire de faiblesse morale ou, tout

au moins, d'engourdissement. Le bonheur social se
trouvera-t-il plus que le bonheur privé dans cette
glorification de l'oisiveté matérielle et de l'aristocratie de jouissance? Il ne le semble pas, à en
juger par la jalousie qui dévore notre société entière, du haut en bas. On ne parle que de solidarité, de fraternité. C'est l'uniforme actuel de cour,
comme autrefois la perruque et les mollets. Mais
jamais l'égoïsme n'a été plus étroit, ni, par suite,
l'ennui plus cruel.

Il y a aussi ce grand leurre de caresser toute sa
vie le rêve d'oisiveté : prendre sa retraite, pêcher
à la ligne, etc... s'acheminer à ce bonheur par le
bonheur d'une vie étroite et sans ressort. « Je ne
suis pas un idiot, moi, vous dira un Français ; vous
le savez, je suis un honnête homme et m'en
vante : fonctionnaire naturellement, comme tous
les Français, bon citoyen, membre de beaucoup
de sociétés, voire d'académies. Parmi les ministres
que je sers, il y en a au moins un sur deux qui
me paraît absolument stupide. Eh bien! je le sers.
Obéir simplement à la règle rend heureux; cela
donne la paix et de l'avancement. Ma femme est si
dévote qu'elle fait du tort à la religion : elle me
rend voltairien : au fond pourtant, cela m'est égal,
et même je reconnais qu'il y a dans la dévotion
de ma femme un côté étroit, servile, pour ainsi
dire utilitaire, qu'il est bon d'inculquer aux
femmes pour les empêcher de raisonner et de

réfléchir. Quant au travail, pour l'argent qu'on me donne!... enfin, j'en prends juste ce qu'il faut. Et vous n'imaginez pas, cher ami, combien, en travaillant mécaniquement, par habitude, le travail devient léger, pratique. C'est comme une hygiène, une manie. Les jours de congé, en savourant la nature dans mon jardin de Clamart, il me manque quelque chose, il me prend des idées d'aller à mon bureau. Et, cependant, j'attends avec une vive impatience l'objectif de ma vie, l'heure de la retraite. Là-dessus, j'envie tout à fait le *farniente* de mon voisin, un brave petit commerçant retiré. Et, après tout, n'étant pas avare, Dieu merci! ni orgueilleux, je sens très bien que l'argent n'est qu'un moyen; il est bon en ce qu'il nous dispense d'agir. La plupart du temps, on ne désire s'enrichir que par pur amour-propre, pour avoir plus que son voisin. J'ai la sagesse de croire, comme les Anglais, que l'argent devient respectable, dès qu'on le dépense. O la joie de ne rien faire, et de laisser les autres peiner pour nous, joies de la veulerie, de la badauderie, de l'oisiveté, du marasme, les gouvernements ne sauraient trop vous encourager! Comme elles rendent un pays facile à gouverner, et que de satisfaction elles procurent aux gouvernés eux-mêmes! »

Voilà ce que nous disons à peu près tous. Notre vie n'est qu'une agitation ou un désœuvrement. Aux femmes qui ne font rien, aussi bien qu'à tous ces

gens mécaniques, aux affolés du monde, aux
personnes en train d'engraisser, je voudrais montrer la femme que je rêve. Celle-là a pris l'habitude de vivre si activement des joies et des douleurs d'autrui, elle a tant soutenu, encouragé,
aidé, elle a partagé tant de craintes et d'espérances, tant vu naître et tant vu mourir, elle a
tant vécu, que, sous ses cheveux blancs, son cœur
ne peut pas prendre sa retraite. Il ne fait que
grandir. Son action ayant été toujours féconde le
devient de plus en plus. Il y a évidemment pour
cela un secret particulier.

CHAPITRE V

OU CHERCHER L'ART DE LA VIE ?

> Et je me suis appliqué à connaître la
> sagesse et la science, les erreurs et la
> folie, et j'ai compris qu'en cela aussi était
> une affliction d'esprit.
>
> (L'ECCLÉSIASTE, I.)
>
> La beauté de toutes choses, jusqu'au
> dernier des minéraux, proclame Dieu.
>
> (Saint BONAVENTURE,
> *Itinéraire de l'âme à Dieu.*)
>
> Seigneur, la vue de vos créatures m'a
> rempli d'allégresse.
>
> (Ps. CIII.)

« *A Madame ...*

« MADAME,

« Vous rappelez-vous une promenade assez poétique que nous fîmes un soir, sous un ciel joli-
ment poudré et nacré ? On voyait çà et là des
espèces de fourmis humaines...; l'un, avec sa
femme, empilait des pommes de terre, un autre
en ramassait, un autre fauchait, établissant l'égalité rase autour de lui, d'un geste fort mathéma-
tique. Le ciel, la terre, tout était délicieux, mais
nous en jouissions seuls, aucun de ces gens ne levait
seulement les yeux... C'est ce qui m'a donné l'idée

d'écrire ce petit livre. Car notre développement naturel devrait nous amener à jouir de la beauté. Dès qu'un homme a assuré sa vie, il songe à la parer, et, s'il n'y songe pas, c'est qu'il reste encore au degré inférieur. Les sociétés font de même. Il n'y a pas, chez elles, d'évolutions artistiques, il n'y a que des évolutions économiques ; et ce qu'on appelle les « renaissances », c'est tout simplement le fait d'un peuple arrivé à la fortune et assez jeune pour vouloir en jouir. Après l'heure du travail, l'heure de la sensibilité.

« Mais comment faut-il faire appel à la sensibilité ? il faut aimer quelque chose, mais quoi ?

« On me dit d'aimer la raison, par exemple dans sa plus haute manifestation, la science. Vraiment, est-ce là une panacée universelle de bonheur ? D'abord, tout le monde ne peut pas aimer la science : on ne s'occupe généralement que de ses résultats pratiques ; on demande au poirier d'avoir des poires, à la médecine de vous guérir, à un train de marcher vite : vous êtes-vous jamais éprise d'un rail ou d'un tunnel ? Et puis, même quand on l'aime, la science est un peu ingrate : elle ne se donne guère ; elle ne résout une question que pour en poser une autre ; elle nous tend la main, mais, le problème posé, elle ne le résout pas. Le travail n'est point le bonheur : et en prêchant la joie par le raisonnement, en se figurant que l'inquiétude d'esprit remplira le cœur, on n'aboutit guère qu'à nous verser, comme disait Pascal, dans « l'inutile, l'incertain et le pénible ». Les éléments purement sensitifs et non scientifiques de la société, famille, mariage, patrie, tendent à disparaître : par quoi les remplace-t-on? Par rien, et, en réalité, on les remplace par l'alcoolisme ou par je ne sais quoi, car il faut bien avoir des heures de rêve !...

« Les moralistes, M. Ollé-Laprune[1], par exemple, confondent, eux, l'idée de beauté, non pas avec l'idée de travail, mais avec l'idée de vertu. En fait de beauté, ils déclarent que celle-là leur suffit, et que le sentiment d'un devoir accompli doit pleinement satisfaire notre soif d'aimer. Cela me rappelle le mot d'une femme extrêmement laide : « On ne tient pas assez de compte aux femmes de rester vertueuses. »

« Je ne veux certes pas dire que le mal soit beau. Je crois qu'il n'existe pas, que c'est une insuffisance de vitalité, une tare dans la vigueur, un rabougrissement, et, par conséquent, un fait anti-esthétique. La Genèse contient à cet égard une thèse magnifique: Dieu ne crée pas le mal, il ne crée que la liberté. Le premier homme était une plante précieuse et rare qui vivait sans efforts, d'un bonheur tout tracé et pour ainsi dire végétal. Par pitié, Dieu lui donne, au lieu de cette joie terrestre, une femme, du travail et la liberté

---

1. Dans son beau livre : *Le Prix de la vie.*

de pêcher, c'est-à-dire les outils nécessaires pour
parvenir à un bonheur différent, qu'autrement il
n'eût jamais connu. Ainsi, on peut dire que la
science du bien et du mal n'est elle-même qu'une
science aussi, un procédé, un moyen de vie supérieure, mais non la vie. Rien, en soi, n'est bon
ni mauvais : le mal consiste à abuser ou à ne pas
assez user des choses.

« De la dignité à l'orgueil, de l'amour à la luxure,
de la prudence à l'avarice, il n'y a qu'une nuance,
qui tient à un déséquilibre de volonté. « David fit
mal en désirant boire de l'eau, Esaü fit une sottise
en mangeant des lentilles. Mais Dieu permet à
Noé de manger de tous les animaux qui conviennent à son estomac. » Je viens d'aller rechercher cette phrase dans saint Augustin.

« En un mot, Madame, la science (y compris la
science de la morale) me semble le squelette, la
charpente de la vie, la tige de la fleur, le dessin
du tableau, la grammaire du discours, l'*obligation*
financière à côté de l'*action*. Mais ce n'est jamais
qu'un dessous ou une préparation. La raison
pure fait le croquis : il faut que quelqu'un vienne
mettre les couleurs.

« Quel sera donc ce quelqu'un ? Si la plupart des
hommes étouffent dans leur raison ou leur dérai-
son, faute de sensibilité, n'appartiendrait-il pas
aux femmes d'élargir nos vies ? et ne serait-ce
pas un progrès que d'aborder au pays du cœur ?..., »

CHAPITRE VI

LE COMMUNISME NÉCESSAIRE

> L'homme est un point qui vole avec deux ailes,
> Dont l'une est la pensée et dont l'autre est l'amour.
> (V. Hugo.)

Nous voyons le bien et nous ne le faisons pas, parce que nous ne savons pas l'aimer. Ainsi la morale elle-même n'a de raison d'être qu'à condition d'aboutir au beau et à l'amour, comme les plantes à la fleur. Tout ce qui est beau est vrai et moral; mais tout ce qui est vrai et moral n'est pas beau. Un bel édifice doit être solide, mais un édifice solide peut ne pas être beau. « Penser, ce n'est pas aimer; mais aimer, c'est penser. » Aimer résume tout. J'ai pu être un brave homme, savant, industriel, flâneur, faire scientifiquement des vers ou savamment des tableaux, et vivre ainsi. Mais être saisi d'un sentiment éclatant, doubler ma personnalité en ayant l'air de la perdre, plaire au prochain et l'aimer comme moi-même, répandre au dehors ma vie et tirer du dehors une vie nouvelle, voilà un nouvel état! la vraie vie!

La vraie... car il y a parmi nous infiniment plus d'amour que de justice. Seule, la passion nous secoue. Le cerveau, grand seigneur sceptique, regarde de haut nos sensations internes : il les trie, et ne note que les douleurs. De ce qui va bien, il ne dit rien. En revanche, un réseau délicat d'appareils perçoit et envoie sans cesse à nos centres nerveux une foule de sensations externes, souvent très minimes; c'est un branlebas perpétuel, et tout ce mouvement du dehors fait à chaque instant, pour nous, l'effet de la clef remontant la pendule.

Il y a ainsi deux hommes en nous : l'homme intérieur, qui digère, et celui qui respire l'air du dehors, qui perçoit les choses extérieures : le chimiste, l'analyste, et celui qui synthétise ; ou encore, si on préfère, le notaire, le géomètre, qui établissent nos droits, et le maître de la maison, qui ouvre les fenêtres et qui l'habite. L'esprit d'analyse est la substance de l'esprit scientifique, et l'esprit de synthèse, la substance de l'esprit esthétique.

Quelques personnes n'admettent pas cette dualité, si importante à constater, et sur laquelle s'appuie tout l'art de vivre. On dit que l'utile devient beau quand il cesse d'être utile; que l'amour du beau vient du superflu, et constitue un luxe. Autant vaudrait dire que, pour une plante, c'est un luxe de fleurir ! Un homme purement utilitaire serait un monstre, et purement sentimental, un fou. J'aime mieux le mot de M. Taine, que, dans chacun de nous, il existe un caractère important et un caractère bienfaisant.

Suivant que l'un ou l'autre s'exagère, un homme, une femme, une société même, prend plus ou moins l'aspect aigu ou l'aspect aimable. Certes, le sentiment peut tourner à l'abus, à la faiblesse; mais on reconnaît l'homme civilisé à la prédominance du sentiment sur la raison critique. C'est ce que M. Jules Simon, M. Gambetta proclamaient implicitement lorsque, arrivés au pouvoir, ils prêchaient la république aimable ou athénienne. C'était dire que l'heure du raisonnement à outrance était passée et qu'on arrivait à l'heure du sentiment. En effet, on ne mène plus les nations chrétiennes sans amour. Rien de plus vain que l'idée d'un gouvernement automatique, d'une constitution bien ajustée, réglée comme une scierie mécanique. Il faut être fanatique de quelque chose : le bon gouvernement n'est pas le plus savant ni même le meilleur, c'est celui que nous aimons et qui nous rend heureux. Si nous nous figurons être heureux, nous le sommes : ne discutons pas si nous avons raison de l'être. Aussi des hommes d'État, comme M. Gladstone, M. Balfour, Léon XIII, ont toujours soutenu, parmi le *struggle for life*, la nécessité de mettre un peu de levain d'idéal dans le pain que nous mangeons; autrement, nous ne pourrions plus l'avaler.

Cela est si vrai qu'en réalité chacun en met à
sa façon, sauf à se tromper quelquefois. C'est ce
que fait le peuple en s'enivrant. D'autres se grisent
l'esprit, sous les formes les plus diverses. M. Estau-
nié, dans un de ses romans, met en scène un
pauvre diable de répétiteur, congédié par la mère
d'un jeune cancre parce que ses répétitions,
sûrement inutiles, coûtaient dix francs l'une ; et,
en refermant humblement la porte, il entend
cette dame payer, sans sourciller, une coiffure
de soixante francs, sûrement utile. Là-dessus il
s'insurge, il s'en prend à la société. Pourquoi? il
n'a qu'à s'en prendre à lui-même. Que ne se fait-
il coiffeur, puisque le métier est bon et qu'après
tout il prête à l'idéal aussi bien qu'un autre!... Mais
non, ce monsieur a son idéal à lui; et nous
sommes tous de même. Comme dit Gœthe, « il
n'y a pas de sujet qui n'ait sa poésie ». Leibnitz a
bien célébré la beauté de la géométrie, Aristote
celle des mathématiques[1]. En effet, la science
pure peut elle-même devenir objet d'amour pour
quelques esprits rares et très distingués ; mais la
plupart des hommes, laissés à eux-mêmes, s'épren-
dront de ce qu'ils rencontreront sur leur route.
Ainsi un banquier parisien, des plus honorables,
me racontait ces jours-ci, avec fierté, qu'il en était
arrivé à inspirer une telle confiance en sa finesse

1. M. Ricardou.

que, dès qu'il conseillait la vente d'une valeur, sa clientèle en achetait. Je crois bien que même messieurs les voleurs ou messieurs les assassins doivent apprécier, dans leur art, un beau coup, un beau crime.

La société fait de même : la haine de l'Anglais, l'amour des mines d'or, n'importe quoi... il lui faut une passion : elle ne choisit pas toujours bien...

Un homme qui a soif respecte le brasseur ; mais si le garçon de café, au lieu de lui apporter à boire, lui disait : « Attendez, Monsieur, je vais vous expliquer comment on replante les vignes, ou comment on perfectionne la bière », il s'écrierait : « Laissez-moi tranquille, j'ai soif, chacun son métier ! »

Il y a donc un vrai art, qui consiste à nous présenter toutes prêtes des choses belles, dignes de notre amour, parce que nous en avons besoin, mais que nous manquons de loisir ou de goût pour les chercher ou les choisir nous-mêmes. Une société où n'existe pas la religion du beau est condamnée à l'anarchie ; chacun va de son côté ; c'est comme si on collectionnait des billets de banque sans signature, comme si on laissait moisir les fruits mûrs. Quoi qu'en dise Tolstoï, tout n'est pas beau ni aimable, et l'art suprême, l'art culminant, celui de montrer la beauté, de prêcher l'amour, est tout à fait l'art d'une élite ; c'est à cela que se reconnaît ce qu'on peut appeler une aristocratie,

Au-dessus de la haine immense, quelqu'un aime.
(Victor Hugo.)

Au-dessus de tout, l'amour.
(Saint Paul.)

Tout en haut de notre société d'*arrivistes*, instituer un pouvoir d'amour, une douceur, une bénignité, qui versent du calme, de la justice, de l'union, la rosée rafraîchissante de la bonne grâce, voilà la grande œuvre à entreprendre !

L'intérêt disjoint, l'intelligence sépare, l'analyse dissocie ; le poète Keats a pu dire avec humour qu'il en voulait à Newton d'avoir détruit l'arc-en-ciel, en le réduisant à un prisme[1]. L'amour cimente la société. L'intérêt réclame la tyrannie ; l'amour appelle la liberté, car aucun lien n'est plus fort que l'amour d'un même objet, et, au lieu de mettre en rivalité les dissemblances individuelles ou de prétendre les supprimer ou de leur prêcher l'oubli d'elles-mêmes, il leur donne la conscience de se compléter les unes les autres. Dans l'individu moral ou physique, comme dans la société, la beauté représente la synthèse de la vie. L'homme beau est celui à qui rien de vital ne fait défaut[2].

---

1. Voir le remarquable livre, et bien anglais, de W. Hurrell Mallock, *La Vie vaut-elle la peine de vivre ?* trad. par le P. James Forbes. Paris, Pedone, 1882, in-8°.

2. M. Jules Lemaitre a prononcé ces belles paroles, proclamé ces grandes vérités dans une réunion tenue à Paris, par l'« Œuvre des Faubourgs ».

« Votre croyance a sur d'autres cet avantage social qu'elle vous met de plain-pied avec ceux à qui vous tendez la main et

Une société est belle si, au lieu de l'anarchie dans les goûts et les idées, elle établit l'unité d'affection ; lorsque après avoir pu réprimer, elle sait aimer.

La science crée la propriété individuelle, nécessaire pour les choses matérielles, qui ne peuvent se distribuer sans qu'on les retire à quelqu'un et sans se diminuer elles-mêmes. Mais l'âme s'accroît par le partage ; plus elle se distribue, plus elle acquiert de force et d'ampleur ; le don de l'âme n'entame aucun droit, au contraire. De sorte que, l'amour nous élevant au-dessus de nous-mêmes, la beauté tend à créer le communisme nécessaire, le communisme des âmes.

que, cette égalité dont on parle tant, qui n'est pas dans la nature et qui n'est guère dans la loi, bien qu'on ait essayé de l'y introduire, votre piété la rétablit spontanément entre les pauvres et vous.

« J'ai dit qu'un second fruit de votre foi religieuse, c'est une parfaite tolérance. Pendant que la philanthropie municipale refuse ses soins à de petits enfants du peuple que leurs parents n'ont pourtant pas consultés pour les envoyer à telle école plutôt qu'à telle autre, vous secourez les pauvres sans leur demander quelle est leur religion, ni même s'ils en ont une.

« C'est que vous savez trop le prix des âmes pour ne pas respecter leur liberté. Votre foi religieuse implique la croyance au libre arbitre et, par conséquent, cette idée que nul acte ne vaut, s'il n'est libre. Vous savez que tout acte religieux accompli sans sincérité, par intérêt ou par crainte, abaisse celui qui le fait ; et vous voulez élever vos amis indigents. »

CHAPITRE VII

LE SENTIMENT RÉDEMPTEUR

> La haine en moi va germer ;
> Dois-je rire ou blasphémer ?
> Et l'écho m'a dit : « Aimer. »
> Comme l'écho des grands bois
> Me conseilla de le faire,
> J'aime, je chante et je crois.
> ... Et je suis heureux sur terre !
>
> (Théodore BOTREL.)

> Otez l'amour, vous supprimez toutes
> les passions. Posez l'amour, vous les
> faites naître toutes.
>
> (BOSSUET.)

> Et encore ai-je une opinion, dit Par-
> lamente, que jamais homme n'aimera par-
> faitement Dieu qu'il n'ait parfaitement
> aimé quelque créature en ce monde.
>
> (L'Heptaméron.)

A nous-mêmes, l'amour apporte la rédemption. Supposez un être à qui rien ne manque, que l'envie universelle n'atteint pas, qui soit servi avant même de parler : sans l'amour, tout cela n'est rien. La rédemption est le sentiment vital qui nous apprend à aimer l'existence au lieu de nous y résigner, et qui nous sort de nous-mêmes pour nous réconcilier avec la vie universelle, avec la vie future et la vie passée.

Les gens qui ne cherchent que le plaisir ne comprendront jamais le prix de l'amour : mais si on cherche le bonheur, il en va autrement.

C'est une loi essentielle de notre nature que
toute sensation résonne en nous, crée une image,
et que cette image se résout en idée, puis en affection. Notre sensibilité physique est un réseau
télégraphique : l'esprit lit le télégramme et le
transmet à la sensibilité morale, qui parle et exé-
cute en dernier ressort.

Sans insister sur ces problèmes primordiaux,
remarquons pourtant que notre sensibilité morale
s'accroît en raison directe d'un développement
intellectuel et presque en sens contraire de la sensibilité physique. Il est certain que, pour le flair
physique, les animaux nous sont supérieurs, et
que les sauvages conservent des qualités que nous
n'avons plus ; seulement, nous savons manier la
vapeur, l'électricité, qui y suppléent avantageusement. L'intelligence nous élève ainsi à une sensibilité haute, vive, affinée, pour laquelle l'art consiste à se servir le moins possible des émotions
physiques, à les laisser au second plan. L'erreur,
grossière, du réalisme vient de ce que les soi-disant réalistes réservent le nom de réel aux sensations matérielles, tandis que notre pensée, notre
conscience, qui sont les choses du monde les plus
réelles, montent sans cesse, se soulèvent pour
ainsi dire, par une sorte de loi presque mécanique
et, en tout cas, nécessaire[1]. La sensation reste

1. M. Ricardou.

bien le point de départ, et plus elle a été active, plus la montée esthétique se produit vivement[1]. Mais elle n'a pas d'autre rôle.

Comment expliquer ce mécanisme ? comment une excitation physique arrive-t-elle à produire cet état d'âme, qui, autrement, ne se produirait pas ? On l'ignore. Les relations de l'esprit et de la matière ont de ces mystères passionnants !

Nous vivons au milieu d'une prodigalité de vie, parmi des myriades de germes vitaux, de semences inutiles, de microbes, de vies cachées! De même, mille sensations intérieures, extérieures nous sollicitent, nous touchent à chaque instant. Très peu nous émeuvent.

Telle qui passe inaperçue pour moi agit énergiquement sur mon voisin : une poussée qui ne m'émeut pas va le rendre heureux, malheureux, malade, bien portant. Que de joies flottent autour de nous ! que de douleurs ! que de germes de joie se fixent sur nous à notre insu, dont nous vivons, que nous respirons sans même le savoir !

En ce sens, on peut dire que la beauté est chose relative ; elle n'existe pour nous qu'autant que nous savons la saisir. Et chacun de nous trouve son amour, un amour qui ne touche pas, qui ne doit pas toucher son voisin. De manière que l'art de la vie est essentiellement individuel et personnel:

1. M. Ribot.

il a des règles générales ; mais chacun doit le pétrir et le modeler à sa façon.

L'art de la vie est donc l'art de puiser personnellement dans l'immense réservoir de la beauté. Vous entendez de la musique. Un pédant vous dira qu'elle est la même pour tout le monde, puisque ce sont des molécules vibrantes, des ondulations éthériques qui touchent les nerfs. Que vous importe ? Ce que vous percevez dans cette musique, et ce qui pour vous existe seul, c'est la seule chose que la science ne voit pas : le sentiment. Par une sorte de chimie supérieure, vous extrayez du phénomène physique ce qu'il a d'essentiel, un parfum délicieux d'idées, une image sensible pour votre cœur. La communion à l'idéal n'a donc rien de chimérique : c'est simplement le fait d'extraire des réalités inférieures une réalité plus pure et plus durable. Dès que nous sortons de la science pour nous livrer à une sensation d'art, nous entrons dans ce domaine supérieur. Nous y allons plus ou moins loin ; l'éducation ou la fatigue étendent ou restreignent notre sensibilité ; mais le champ d'action est infini. Regardons ainsi avec des yeux d'amour : aussitôt, partout, nous épellerons des choses sublimes. C'est ce qui arrachait à un docteur du moyen âge, Hugues de Saint-Victor, ce cri d'enthousiasme : « O mon âme, quels dons tu as reçus de ton époux ! Regarde ce monde : la Nature entière accomplit son cours pour servir à tes

besoins... Le ciel te sert... La terre te soutient. »
C'est le même enthousiasme de voir les choses
illuminées par un amour d'en haut qui a inspiré
les grands dilettantes de la vie, comme saint François d'Assise ; c'est lui qui, géométriquement, faisait dire à Pascal : « La distance infinie des corps
aux esprits figure la distance plus infinie des
esprits à la charité », c'est-à-dire que, s'il est impossible de comprendre comment une sensation
physique se transforme en un acte intellectuel, il
est encore plus impossible de comprendre comment
un acte intellectuel peut s'étendre jusqu'à devenir
un acte d'amour.

La conclusion est qu'il faut tirer de la vie ce
qu'elle doit donner ; tout vibre, pense, parle,
chante autour de nous. Allons à la beauté comme
nous allons dans le Midi, comme les barbares
allaient à Rome.

Daignez penser à vous, Madame ! Ce serait si
fâcheux de passer votre vie dans les mains de votre
femme de chambre ou de votre coiffeur !

La vie est un acte ! on la domine, ou elle vous
domine. La formule générale pour la dominer se
précise en ceci : *Faire par amour ce qu'on doit
faire par devoir.* Soignez votre cœur, conservez-
lui son bel éclat, sa force ; n'en abusez pas ; mais
laissez-le vous parler : pourvu que vous ne l'étouf-
fiez pas, il saura bien aimer. « Aime, et fais
n'importe quoi », disait saint Augustin. L'amour

est la loi de vie; et le même saint Augustin va
jusqu'à soutenir que toute créature, même non
raisonnable, aime Dieu. Du haut en bas de la
Nature, un cri immense, étourdissant s'élève; un
hymne au Dieu d'amour! Dieu jugea cela bon.

La douceur de la vie, disait la sagesse antique,
c'est la diffusion de soi. L'Évangile ajouta : « Je
vous donne un commandement nouveau : que
vous vous aimiez les uns les autres comme Je vous
ai aimés; qu'ainsi vous vous aimiez les uns les
autres. En cela tous connaîtront que vous êtes
Mes disciples [1]. »

O l'étrange terre que la nôtre, si embroussaillée
de haines! Elle a soif d'amour, elle en est fréné-
tique! Notre premier cri, en arrivant au monde,
fut de douleur, et le second d'amour. Dites ce
mot, les hommes frémissent, les femmes tendent
l'oreille; toutes comprennent, toutes ressentent.
Un écho profond leur indique pourquoi elles sont
faites et ce qu'elles doivent faire... Les affections
passent dans la vie comme ces haleines de printemps sans lesquelles il n'y aurait ni verdure, ni
fleurs; les paroles de haine rasent la terre comme
le vent d'hiver et arrêtent tout... Toute action,
en réalité, aboutit à un don de soi. Une idée
n'existe qu'à condition d'être émise. Voyez au
théâtre, au barreau, dans la chaire, l'ennui que

1. Saint Jean, XIII. 34-35.

distillent les beaux parleurs, ceux « qui s'écoutent parler ». Mais, là comme ailleurs, l'homme qui se donne suscite l'enthousiasme; le public se donne à lui.

Aucun progrès quelconque ne se réalise en dehors de cette règle. Les gens qui n'aiment rien ne font rien : ceux qui aiment de travers font des sottises.

L'artiste suprême, en nous pétrissant d'amour et d'enthousiasme, et en nous invitant à nous trouver bien, ne nous a donc pas trompés; c'est faire un acte religieux que de s'alimenter d'amour, et personne n'a si bien exprimé cette vérité philosophique que l'auteur de l'*Imitation de Jésus-Christ*.

Les philosophes qui regardent les choses de la terre à un point de vue tout à fait pratique, Épicure, Bentham et autres, discuteront évidemment l'utilité des affections. Songez donc! un commerce qui consiste à donner sans compter! Mieux vaudrait s'amuser, comme les enfants, à des bulles de savon. Et, pourtant, Épicure a admirablement montré qu'on ne pouvait se passer des affections. Alors, comment les expliquer? Il y voit un simple agrandissement de l'égoïsme : il comprend qu'on aime un ami assez dévoué pour devenir un « autre vous-même », qu'on aime un chat, un chien, une vieille culotte, tout ce qui est de votre service.

Certes, il y a du vrai dans son système, sauf

cette réserve capitale que le prolongement de
nous-mêmes est l'effet et non le but de l'amour.
L'affection a pour but la communication de l'être,
et si j'en cherche le type initial et majeur, je le
trouve dans l'amour maternel, parce que cet amour
part de la plus parfaite communication de soi-
même, qu'il présente tous les caractères du sentiment durable et profond; c'est exactement l'inverse
du parasitisme.

Théoriquement, l'amour maternel est assez difficile à analyser. Il comprend une part d'instinct,
puisqu'il existe chez les animaux; seulement, à
l'inverse des autres instincts, il ne fait que croître
et se développer avec l'affinement de l'esprit. Par
beaucoup de côtés, il répond au désidératum utilitaire indiqué par Épicure; il prolonge, pour
ainsi dire, la mère par l'enfant, et *vice versa*,
d'abord parce qu'il établit entre eux une solidarité
morale, une réciprocité de dévouement et de services suivant les âges; puis, parce qu'entre une
mère et son enfant il y a une certaine similitude
native et acquise, de tels points de ressemblance
physique et morale qu'il en résulte une sorte
d'orgueil très particulier, voisin de l'amour-propre
d'auteur et du sentiment de propriété.

On ne choisit pas ses enfants; l'affection qu'on
a pour eux ressort de la catégorie des affections
purement humaines, non libres, obligatoires,
comme celles de frère et de sœur : elle a pour

berceau la chair. L'amour maternel part ainsi de
la terre ; mais il touche au ciel. C'est une affection
de raison, mais rédemptrice, parce qu'elle tourne
à la passion. Et cela vient de ce qu'elle se nourrit
de ce qui est beau, de ce qui est la substance de
la passion et de ce qui produit la fleur de l'être,
l'admirable joie du dévouement.

Plus une mère s'est donnée à son enfant, plus
elle l'aime. Elle l'aime, s'il lui a coûté des douleurs, des dangers, si elle s'est consacrée à lui
pendant la longue période de l'allaitement. Elle
l'aime pour les fatigues qu'il lui a causées ensuite, pour les soucis, les transes, les nuits sans
sommeil, et, après tout le cortège des maladies et
des faiblesses infantiles, lorsqu'il grandit, elle
l'aime encore pour les inquiétudes morales qu'il
lui apporte, pour le partage de ses peines, de ses
travaux, de ses espérances, de ses inquiétudes,
de ses déboires, de ses succès. Elle l'aime au
point de tout donner, de donner sa vie. Voilà bien
tous les caractères d'un amour rédempteur !

C'est la communication ou plutôt la transmission
même de la vie. Certaines femmes énergiques,
veuves de bonne heure et sans appui d'aucune
sorte, se sont vouées à un fils. Y a-t-il au monde
un amour plus ardent ? Voilà une beauté d'existence, un rachat des misères, une aurore de vie
tout à fait haute ! Et cet amour produit l'amour ;
le dévouement engendre le dévouement !

Le don de soi caractérise tellement l'amour qu'on voit même des nourrices de campagne chargées d'élever de petits enfants dont la mère ne s'occupe pas, s'éprendre pour eux d'un vrai amour maternel. Peut-on ici alléguer l'instinct ? Non, puisque la vraie mère, n'ayant rien donné de son cœur à l'enfant, s'abstient. Mais la nourrice s'attache par les soins qu'elle a pris, par son dévouement même, qui est pour les femmes une espèce de glu. Et cette quasi-maternité va jusqu'à la passion.

Il y a donc dans la maternité un élément terrestre, qui est le côté obligatoire de l'affection, et un élément divin, qui est la liberté du dévouement, avec ses fruits merveilleux.

Voilà pourquoi il m'est impossible de ne pas saluer, comme le dogme admirablement profond de l'humanité, la foi chrétienne en une Vierge-Mère. Quel mystère étrange au premier abord que cette absence de l'obligation physique et cet épanouissement de la pure maternité choisie ! Et cependant, que peut-on trouver de plus parfaitement beau ? et qui résume mieux le rôle idéal de la femme ?

C'est sur le sentiment maternel que doit s'appuyer tout l'art de la vie.

CHAPITRE VIII

FAUT-IL COMPTER SUR LES HOMMES ?

> Imaginez un char attelé d'un coursier noir et d'un coursier blanc. Le premier est attaché à la terre dont il est sorti ; le second a des ailes, il rêve d'emporter l'attelage vers les espaces du ciel, d'où lui-même est descendu.
>
> (PLATON.)

> Tout le travail de l'homme est pour sa nourriture, mais son âme ne sera pas rassasiée.
>
> (L'ECCLÉSIASTE, VI.)

Dès lors, je n'irai pas chercher chez les hommes l'idée de rédemption, puisqu'ils ne peuvent être mères ni seulement nourrices. Leur mission est autre. Ils ont été créés les premiers : ils ont la garde des faits primitifs et égoïstes par lesquels toute vie commence.

Boire, manger, voilà de ces faits primitifs auxquels l'homme est préposé : ce sont des faits essentiellement égoïstes ! On se nourrit du morceau qu'on a dans la bouche, celui que mâche votre voisin ne vous produit aucun effet.

L'aboutissement des hommes, c'est la joie du pouvoir, l'ambition que l'éminent philosophe anglais Alexandre Bain appelle si bien un « sen-

timent malveillant »; l'ambitieux est un vrai
homme, qui ne veut pas partager, qui trouve, au
contraire, sa joie à faire souffrir les autres ou,
tout au moins, à les dominer; une femme d'esprit définissait récemment « les hommes supérieurs : les hommes férocement égoïstes ».

L'égoïsme produit, d'ailleurs, une foule d'autres
appétits carnassiers, qu'on pourrait prendre pour
des passions : la vanité, l'orgueil, la colère... Ces
appétits font agir, suggestionnent; ils ont, comme
la passion même, des effets physiques et moraux :
ainsi (spécimen élémentaire!) on se réveille très
facilement à heure fixe, par l'effet d'une simple
volonté égoïste. Il y a là, incontestablement, une
maîtrise de l'individu, qui, au premier abord,
enchante beaucoup d'hommes et qui paraît suffire à leur bonheur. Pourtant, elle n'y suffit pas,
et la preuve résulte de ce simple fait que
l'égoïsme ne mène à rien qu'à condition d'en
sortir : toute ambition quelconque arrive presque
instantanément à se draper dans de grandes
affectations de générosité. On ne parle que de
bonté, que d'« altruisme ». Les ministres parlent
de bonté, les députés de bonté : la bonté conduit
à tout. Mais, en réalité, on prétend nous guérir
de nos haines en nous mêlant de plus près, et,
pour faire sortir le bonheur social ou collectif
d'une réunion de malheurs individuels, on pro-
pose tout bonnement de supprimer l'individu,

de faire de nous un rouage social; comme disait Victor Hugo, on donne une âme à la machine et on la retire à l'homme. Et, à l'appui de cette thèse, on nous dira que la société est tout, qu'elle précède l'individu, qu'elle nous a créés, et qu'ainsi notre pensée même appartient à l'État[1]. On nous expliquera très clairement qu'il suffirait de réunir deux millions d'orangs-outangs pour créer Paris, puisque l'association leur donnera les qualités dont ils sont encore dépourvus individuellement. Comme si les inventions dont nous vivons étaient l'œuvre de la « Société » et non l'œuvre des inventeurs!

En pratique, cette mêlée des hommes nous a rendus tristes, pessimistes, nihilistes : la loi naturelle nous indique, au contraire, que la valeur des êtres tient à leur individualité. Un chien a plus d'individualité qu'un lièvre. L'enfant qui tette ressemble un peu aux autres enfants ; mais, à mesure qu'il deviendra homme, ses traits vont s'affirmer, sa personnalité se dégager.

On ne peut pas rechercher le secret de l'art de la vie dans l'habileté à comprimer l'individu. A ce compte, notre idéal serait une prison. C'est inadmissible.

Il faut respecter l'individualité. Le choix spécial qu'une femme fait d'un homme est la beauté et la

1. Izoulet : « L'association est créatrice. »

vertu morale de la faculté d'aimer ; et son amour
se traduira toujours par le vœu de voir cet homme
devenir un vrai homme, c'est-à-dire ferme, sincère, individuel, parce que l'individualisme est
le caractère spécifique des hommes. Mais, précisément, à côté de cet esprit de pur individualisme,
il en faut un autre. Pour ma part, je rends grâce au
temps présent de nous avoir clairement démontré
ce qu'il y a de dégoût dans certaines politiques
et dans certaines affaires. Il nous a donné là une
leçon de choses, et il nous a bien montré la
nécessité de mettre la sensibilité plus haut que
le domaine de la virilité. Les femmes ont cela de
bon que leur grande ambition, c'est le bonheur.
Combien d'entre elles donneraient tout ce qu'elles
ont, fortune, situation, pour un peu de bonheur!
C'est le sentiment inverse de l'ambition dont nous
avons parlé.

CHAPITRE IX

LE VRAI GUIDE VERS L'ART DE LA VIE

> Dieu n'a point envoyé son Fils dans le monde pour juger le monde, mais pour sauver le monde.
>
> (Saint JEAN, III, 17.)

> Autre est celui qui sème, autre celui qui moissonne.
>
> (Saint JEAN, III, 37.)

> Être admiré n'est rien : l'affaire est d'être aimé.
>
> (Alf. DE MUSSET.)

« Heureux les doux, parce qu'ils posséderont la terre ! »

Posséder la terre, c'est aimer ce qui est, trouver le goût des choses. Un conquérant, un capitaine ne possèdent pas la terre.

Nos pères furent parfois des êtres de douceur et des affamés de mansuétude. A plusieurs reprises, les hommes qui les dirigeaient se posèrent le problème de remplir la vie d'amour, et voici comment ils essayèrent : d'abord, par un culte chevaleresque de la femme, qui inspira mille actes de bravoure, qui poussa la Renaissance à un magnifique épanouissement intellectuel. Puis, même dans l'ordre matériel et positif, ils instituèrent un pouvoir tout d'amour : le Roi. Un roi qui n'était ni un despote, ni un maître ; un roi qui était le cœur de la France, et non son cerveau[1]. Il représentait Dieu et la grâce de Dieu, c'est-à-dire la vie ; il régnait, sans gouverner. Et on l'aimait, parce que sa fonction était d'être aimé. Nous nous figurons difficilement maintenant l'espèce de culte voué jadis au roi et à la famille royale : nous sommes devenus de simples « cérébraux », des êtres de raison, et c'est à peine si les traditions conservées en Angleterre nous montrent comment on peut chercher l'unité, personnifier la patrie, consacrer la liberté par une affection commune où les divergences d'intérêts et d'idées viennent se fondre, au lieu d'instituer un simple pouvoir de gendarmerie, qui met tous les hommes pêle-mêle dans un sac, comme des noix.

Nous n'avons plus de roi ; mais les femmes peuvent en prendre la place, et il n'y aurait rien d'extraordinaire à ce qu'en réalité elles formassent une espèce de ligue pour ressusciter parmi nous la puissance d'amour, la grâce de Dieu.

Chacun a son rôle en ce monde. Pas plus qu'un prêtre-soldat, ou un magistrat-laboureur, ou un peintre-joueur de violon, je n'aimerais, pour mon compte, des hommes efféminés ; mais il me semble qu'une femme complète un homme, et que plus

---

1. Voir notamment les portraits de Louis XII et de saint Louis, par Fénelon (*Dialogues des Morts*). Voir aussi La Bruyère, *Du Souverain*.

un homme est grand, plus il a besoin de ce complément.

Il me paraît bien pénible de voir des femmes faire métier d'hommes, vivre hors de chez elles, à l'atelier... Elles ont un métier à elles, qui est la maternité physique; elles peuvent et doivent y joindre une foule de travaux complémentaires. Mais le rôle royal, le rôle rédempteur, qui le remplira dans le ménage, si la femme le déserte?

Je ne parle pas ici de femmes exceptionnelles : je prends une femme ordinaire, très ordinaire, moyenne, et je lui demande simplement d'être autre chose qu'un homme, ni plus, ni moins.

Cette femme-là, c'est l'homme qui la fait; d'abord, par l'enseignement; puis, comme mari, il la transforme et la parfait. De la jeune fille à la mère de famille, il y a un abîme! Ensuite, j'admets encore, certes, que l'homme conserve le souci et la charge des intérêts matériels. Mais est-ce à dire que la femme n'a aucune mission à remplir, sinon d'écumer le pot-au-feu? Ou bien la vie en ménage est-elle une vie à deux, une association, une sorte d'assurance réciproque contre les risques de l'existence?

Nous constaterons plus loin que l'idée de progrès fait essentiellement partie du bonheur. Dès lors, il faut compter sur l'amour : l'intimité d'âme prolonge deux personnes, deux vies; c'est le meilleur agrandissement de nous-mêmes, le plus réel agent de progrès. Il en résulte que, faite par l'homme, la femme a pour mission à son tour de faire l'homme. Et cela est si vrai qu'une entreprise a de grandes chances d'échouer si une femme ne l'anime pas, surtout dans le champ de l'intellectualité ou des hautes spéculations. Saint Jérôme, saint François de Sales, saint François d'Assise, mille autres des plus vénérables parmi les hommes, se seraient privés de flamme, de vie, s'ils avaient refusé l'appui moral d'une femme.

CHAPITRE X

LES VOIX MORTES ET VIVANTES

Dieu a placé devant l'homme de bien
la science et la joie.
(L'ECCLÉSIASTE, II.)

RÉFLEXIONS D'UNE FEMME DU XVIII° SIÈCLE

« Suis-je donc au monde pour dépenser mon existence en soins frivoles, en sentiments tumultueux?
Ah ! sans doute, j'ai une meilleure destination.
Cette admiration qui m'enflamme pour tout ce
qui est beau, sage, grand et généreux, m'apprend
que je suis appelée à le pratiquer ; les devoirs
sublimes et ravissants d'épouse et de mère seront
un jour les miens ; c'est à me rendre capable de les
remplir que doivent être employées mes jeunes
années : il faut que j'étudie leur importance, que
j'apprenne, en réglant mes propres inspirations,
comment diriger un jour celles de mes enfants ; il
faut que, dans l'habitude de me commander, dans
le soin d'orner mon esprit, je m'assure les moyens
de faire le bonheur de la plus douce des sociétés,
d'abreuver de félicités le mortel qui méritera mon
cœur, de faire rejaillir sur tout ce qui nous envi-

ronnera celle dont je le comblerai et qui devra
être tout entière son ouvrage[1]. »

EXTRAIT D'UNE LETTRE DE FEMME
D'IL Y A TRENTE ANS

« ... Je lisais, ces jours derniers, votre éloquent
plaidoyer en faveur des femmes studieuses... Ces
idées, que vous avez émises avec tant de netteté,
j'ose dire que vous-même ne pouvez savoir à quel
point elles sont justes, véritables, profondes! à
quel point elles touchent au vif de brûlantes questions et font vibrer certaines âmes!

« Il faut être femme, avoir souffert et souffrir encore cette horrible compression intellectuelle dont
on nous écrase pour avoir, dans toute sa plénitude, l'intelligence des misères morales, dont vous
n'avez eu qu'une lointaine intuition... Ni les
charges d'une maison, ni les caresses des enfants,
ni l'amour d'un mari, ni même, parfois, la prière,
trop imparfaite souvent. et les bonnes œuvres,
trop rares, ne pouvaient apaiser cette soif de
l'âme, qui veut trouver quelque chose de plus
grand qu'elle-même, pour s'y élever par l'effort
et par le travail. Vous avez senti l'impuissance et
le danger de ces luttes, qui tendent à opprimer les
plus belles, les plus nobles tendances de l'âme.
Vous avez compris que le fleuve, détourné ainsi de

---

1. Mme Roland.

son cours naturel, peut, en débordant, causer de
sinistres ravages... N'y a-t-il donc aucun remède
efficace à ces souffrances morales[1]?... »

UNE LETTRE D'HIER

« Monsieur,

« Je ne méprise pas mon sexe, n'est-ce pas? Je
trouverais stupide et peu sérieux de parler de la
« scélératesse » ou de la bêtise des femmes. Mais,
franchement, moi qui ai lu, —jusqu'au bout, —
votre gros livre sur *les Femmes de la Renaissance*,
pour en chercher la conclusion, je trouve que
vous nous demandez trop.

« Vous nous voulez parfaites! avoir toutes les
vertus que les hommes n'ont pas, c'est-à-dire énormément! Et tout cela pourquoi? pour amuser
notre seigneur et maître!

« Et vous croyez que ça l'amuserait, d'avoir
une femme bas-bleu, savante? Il aime bien mieux
l'avoir jolie, bien attifée, bonne enfant et gaie,
comme lui, en disant d'un peu raides, peut-être!
Mais, entre amis...

« Avec vos idées de femmes parfaites, vous allez
vous mettre à dos tous les maris ; et les gens non
mariés donc ! Le mien (mon mari) lisait dernière-

_____

1. Citée par M⸢gr⸣ Dupanloup, *Lettres sur l'éducation des filles*,
p. 17.

ment un gros livre de M. Nordau, et il m'a montré cette phrase :

« Le salut gît dans la pureté, la continence ou « la possession d'une femme qui n'aurait d'indivi- « dualité, de désirs, de droits d'aucune sorte. »

« Est-ce clair?

« Tenez, pendant que j'y suis, je vais vous faire ma confession. Je ne suis pas du tout ce que Wagner, le musicien, appellerait une mangeuse d'hommes. Je suis une femme vertueuse, vieux jeu. Mais, franchement, faites le compte : des enfants, quand on veut s'en occuper... Et puis, d'abord, il faut les avoir. Ensuite, il y a le catéchisme, la première communion... Avoir une maison bien tenue, regarder soi-même aux fleurs et à mille détails, réceptions, dîners, visites, quêtes, conseils d'administration, l'œuvre qu'on préside... tout cela, ce n'est peut-être pas de l'art. Sûrement même ce n'en est pas. C'est de l'industrie. Mais, enfin, nous y sommes engrenées... Et puis, tout le reste : les changements de toilette, le théâtre... et le médecin, car, à ce métier-là, on en a vite besoin. Mais quel est l'homme qui aurait la force de mener longtemps la même vie que nous?

« Ces messieurs vont au club. Prêchez-leur de faire autre chose, d'aimer ce qu'ils n'aiment pas et de ne pas aimer ce qu'ils aiment. Ah, très bien ! le voilà, l'art!

« Mais nous, où voulez-vous que nous trouvions le temps d'agir? Que voulez-vous que nous lisions? Moi, je lis en wagon, et cela me sert à voir que je lis trop. Ma mère me reproche tous ces romans... Puis, j'ai une fille de douze ans ; ne faut-il pas songer à son mariage? Et mon fils, qu'en ferai-je? Son père ne s'en occupe pas. Vraiment, on a trop à faire. Et à quoi bon me casser la tête pour rendre les hommes un peu meilleurs? Les hommes sont plus forts que nous. Est-ce que vous croyez que, si les prêtres et les médecins n'étaient pas des hommes, j'aurais en eux le quart de ma confiance ?

« Vous n'avez jamais vu une femme découvrir quelque chose d'original. Je fais de la musique, nous en faisons toutes. Eh bien, parmi toutes les femmes qui touchent du piano depuis le commencement du monde, combien y en a-t-il de « compositrices » ? Des hommes ! toujours des hommes ! C'est fâcheux, décourageant, triste, ennuyeux, tout ce que vous voudrez. Mais j'attends que vous veuillez me dire comment changer.

« *P.-S.* — Pour vous prouver que je suis une femme sérieuse entre toutes, voici quelques textes :

« Dieu dit à la femme : Je multiplierai tes
« afflictions et tes gémissements. Tu enfanteras
« dans la douleur. Et tu te tourneras vers ton
« mari, et il dominera sur toi. » (La Genèse.)

« L'empire de l'homme sur la femme, c'est
« l'empire de l'esprit sur la chair. » (Saint Augustin,
Cité de Dieu, liv. XII.)

« Il faut que la femme craigne ou admire beau-
« coup son médecin ; sinon, elle n'obéit pas. »
(Dr M. de Fleury, p. 450.)

CHAPITRE XI

A QUOI DOIVENT SERVIR LES FEMMES?

> La femme doit construire la vie avec les maté-
> riaux que l'homme lui fournit.
>
> (Mme Anna LAMPÉRIÈRE,
> *le Rôle social de la femme.*)
>
> Ce qui est de goût est du ressort des femmes;
> c'est pour cela qu'elles sont juges de la perfection
> de la langue.
>
> (MALEBRANCHE.)
>
> Ce n'est pas une frivolité, mais la vérité iné-
> branlable, de dire que notre ruine a eu son prin-
> cipe en la femme, que, de même, la cause de
> notre salut doit naître de la femme.
>
> (Saint ANSELME, liv. I, *Cur Deus hom.*)

Voici donc l'objection : les femmes ne sont
bonnes à rien, qu'à amuser les hommes. Il paraît
qu'en Afrique on en trouve encore à acheter de
7 fr. 50 à 80 francs. Chez nous, le tarif est différent;
mais à cela se borne l'œuvre de la civilisation.

Malheureusement, les femmes représentent la
moitié de l'humanité, ce qui ne permet guère de
supprimer un joujou si encombrant; et, d'un autre
côté, l'histoire nous montre à quoi elles peuvent
servir.

On ne les prend pas au sérieux, et on a raison :
mais peut-on les prendre au sérieux et avoir raison?
voilà la question.

Suivant le mot très juste de M. le pasteur Ch. Wagner, les hommes et les temps se jugent au degré de respect qu'ils ont pour les femmes. Les moments où les femmes tiennent le plus de place sont des moments de civilisation où l'élément de force semble fléchir devant la justice et même devant la douceur. Les femmes sont des prédicateurs d'idéal, voilà ce qui apparaît chez nous, avec une clarté lumineuse, depuis le jour où Clovis, ce bon barbare, subit le joug d'une femme plus affinée que lui. Je ne cherche pas à expliquer le phénomène ; je le constate, et j'en conclus, d'abord, que les femmes ont une part de responsabilité très grande dans nos décadences, et, ensuite, que beaucoup des défauts qu'on leur reproche sont des défauts acquis, dont une meilleure éducation et une direction plus ferme pourraient les préserver.

Ces défauts, nous les connaissons : manque de pondération, variabilité d'esprit, absence de force morale, frivolité, inconstance, faiblesse de volonté. C'est vrai ; la force morale, qui devrait être leur vertu, leur manque souvent ; beaucoup d'entre elles (et des meilleures) sont comme des lierres ; elles entraînent un peu le mur auquel elles s'attachent, et si elles ne trouvent pas, ou ne croient pas trouver, à quoi s'attacher, elles retombent, elles se perdent... Mais la faiblesse d'âme ne se rencontre-t-elle jamais chez les hommes ? Et com-

ment ne se développerait-elle pas chez les femmes,
avec l'éducation qu'on leur donne? On s'applique à
« extérioriser » les femmes, à leur retirer tout caractère individuel ; trop souvent on fait tout pour les
rendre des dindes ou des révoltées ; heureusement,
beaucoup d'entre elles échappent au dilemme.

Ce sont des « bêtes à mariage », qu'on me passe
le mot : un petit animal dressé à paraître obéis-
sant et à paraître joli. Joli, je le crois bien !
elles ne sortent du néant que par là, par leur
coquetterie ou par les écus des parents : par leur
valeur personnelle, jamais ou presque jamais. Et
on s'étonne ensuite de voir apparaître des femmes
frivoles, flexibles, vacillantes, tantôt confiantes,
tantôt désespérées, mais toujours « bons garçons »,
qui n'ont pensé à rien qu'à conquérir un mari,
et qui ne savent rien faire que subir l'influence
de « l'homme nécessaire » assez bon pour s'occuper
d'elles en détail : du médecin, du corsetier, que
sais-je ?... Elles ne se donnent à personne, et tout
leur vient d'autrui. Elles ont des relations plutôt
que des rapports, des contacts plutôt que des amitiés. Elles ne s'habillent seulement pas elles-
mêmes : leur mission consiste à propager la mode.
Elles vivent dans un perpétuel décor, comme sur
un théâtre, souvent éblouies, mais jamais éclai-
rées. Quelquefois, elles font beaucoup de tapage ;
mais, pour peu qu'on aille au fond des choses.
on voit qu'elles jouent la comédie de M. Un Tel,

Et on leur reproche quelque incohérence... Est-ce que j'exagère ?

Certainement, il y a des sottes (comme il y a des sots). Mais, franchement, beaucoup ont ou pourraient avoir de l'esprit, et une merveilleuse sensibilité, et des dons de premier ordre. Seulement, même quand elles ont l'esprit large, on leur a donné des idées étroites.

Elles croient devoir se rapetisser l'âme, absolument comme on leur a persuadé qu'il fallait se serrer à outrance, souffrir, sacrifier au besoin leur santé, pour plaire par la sveltesse. Elles pensent plaire en se rendant moralement minces. Je ne dis pas que, vis-à-vis d'hommes également minces, le raisonnement soit toujours faux ; mais il me semble que c'est pousser bien loin l'esprit de sacrifice, et, même mal l'entendre, que de se serrer l'intelligence jusqu'à craquer et de ne conserver qu'un fil de sensibilité, sous prétexte qu'on a un mari qui n'aime pas ces choses-là, ou bien que ce monsieur, en rentrant de son bureau, de son club, de sa chasse, pour dîner, et pas pour causer ni pour s'ennuyer ou se mettre l'esprit à la torture, désire ne pas trouver une femme qui l'humilierait, ou, tout au moins, avec laquelle il faudrait compter. Je ne me dissimule certes pas l'étouffement moral de beaucoup de femmes, mais j'ajoute que beaucoup d'entre elles, malheureusement, ne s'en doutent seulement plus. On les éton-

nerait fort et on se ferait mal voir d'elles de leur
dire que l'espèce d'essoufflement intellectuel dont
elles se plaignent, que leur état mobile, nerveux,
agité, dont on se plaint, viennent de là, de ce
qu'elles s'enterrent vivantes. Ayant plus de temps
que nous à passer à la maison, si elles le veulent,
et douées d'une sensibilité plus vive, elles auraient
plus besoin que nous de porter des idées. Voilà le
secret de leur mal. Remarquez que je ne dis pas :
créer des idées; non, mais en concevoir, et les
faire mûrir, avec amour, avec dévouement, avec
une sorte de générosité maternelle. De sorte qu'en
les conviant à s'emparer, à un moment donné,
de nos idées et à les faire fructifier en elles, nous
leur rendons le service immense de leur indiquer
comment elles peuvent devenir réellement femmes,
et comment s'épanouirait leur vie morale, et même
leur vie physique; nous les prions de se faire à
elles-mêmes l'aumône de la vie, de se rendre
belles (car il n'y a point de vraie beauté sans des
yeux d'âme!) Si elles nous croyaient, la vie les
soutiendrait, au lieu de les accabler, parce qu'au-
dessus des épreuves elles apercevraient un but
précis et admirable, parce que cette maternité
morale, inépuisable cette fois, inaccessible aux
fatigues et aux faiblesses, répondrait réellement
à leur besoin d'un aliment supérieur.

« Ah, il y a dans mon âme des facultés étouf-
fées et inutiles, trop de choses qui ne se déve-

loppent pas et ne servent à rien ni à personne ! »
Voilà un cri de femme[1] ! Combien de grands
cœurs d'esprits d'élite ont ainsi disparu sous le
poids de préjugés inutiles, et, il faut avoir le
courage de prononcer le mot, incompris, stérilisés.

Il n'est pas juste de tuer ainsi des âmes, de les
condamner à la faiblesse, c'est-à-dire au mal.

Nous disons que cela est peu de chose, et qu'après
tout ce mal est nécessaire, parce qu'autrement
nous ne serions pas maîtres chez nous, et que surtout, si nos femmes devenaient des bas-bleus,
elles perdraient le goût des soins indispensables
et bien terre à terre du ménage.

Est-il question de cela ? La santé physique des
femmes se ressent constamment de leurs souffrances morales. Et que dirions-nous donc, nous
autres hommes, si on traitait par le mépris nos
souffrances morales ou nos maladies ?

D'ailleurs, personne ne désire créer des pédantes
ou des femmes mal élevées. Préfère-t-on des
femmes vides, ennuyées, que, bien sûrement,
aucune idée ne distrait ? elles lisent les romans des
gares, elles vont aux petites pièces du boulevard ;
tout cela les écœure et les exalte en même temps.
Est-ce le type cherché ? ou bien préféreriez-vous
une bécasse futile, bêtement dévote ? Une femme
a, comme nous, besoin d'appuis moraux ; et, pas

---

1. Cité par M⁰ʳ Dupanloup.

plus que nous, elle ne peut s'appuyer sur la sottise, sur la naïveté anormale. Voilà tout. Elle sera pédante, non pas si elle est instruite, mais si elle est mal élevée. Et notre intérêt certain commande que l'âme de nos femmes prenne un essor naturel.

Nous disons : « Que fait ma femme ? Elle lit, elle se plonge dans des idées hautes, elle fait de la littérature, de l'art, de la philosophie. A quoi bon ? » Ce qu'elle fait ? elle se donne les moyens de nous supporter ! C'est déjà un résultat, et quand même nous serions parfaits, il est impossible qu'une créature un peu haute puisse se satisfaire uniquement des parties matérielles de la vie; qu'elle soit une machine à enfants. C'est là le côté inférieur du mariage, et celui qui lasse...

Une œuvre très ingénieuse, *l'Hospitalité du travail*, rend aux pauvres un peu de santé morale par un travail honoré. De même, une femme assure sa santé morale par une « hospitalité du travail ». Elle n'a pas pour cela à s'écarter de ses devoirs professionnels. Elle trempera seulement ses mains dans la beauté, elle pétrira tout de cette clarté. De tout on peut faire jaillir un rayon de vie : en se promenant, en regardant, en faisant des visites, n'importe quand, fût-ce en achetant des bottines à ses enfants... Partout brille un reflet d'art et d'enthousiasme, si l'on veut voir.

＊
＊ ＊

La fonction des femmes, celle qu'elles doivent développer avant tout, c'est la bonté. Même si elles manquent de force dans la décision et dans les idées, il leur appartient de posséder une force spéciale, la force de la douceur toute simple... C'est le natif besoin du sacrifice... C'est le cri de Rachel : « Donnez-moi des enfants, ou je meurs !... » « Le bonheur, écrit une femme poète,

> C'est l'humble fleur qui croît sous chacun de nos pas
> Et que nous dédaignons, que nous ne voyons pas.
> Les êtres doux et purs aiment les simples choses,
> Ils vont faisant le bien, semant partout des roses[1]. »

Combien d'entre elles adorent en esprit cette jolie vue mystique, d'après laquelle le paradis est un lieu où les liens matériels de famille tombent, mais où l'amour subsiste et remplit tout !

Aussi, quoi qu'on en dise, une femme n'a pas à s'élever jusqu'à un homme : elle a, en réalité, à élever l'homme jusqu'à elle. Rien ne vaut le doux esprit féminin pour tamiser notre pensée, l'arrêter, la reposer, la filtrer, la rendre claire, la stériliser, dans le sens pastorien du mot.

Quels bons confesseurs, quels bons médecins

---

1. Mᵐᵉ Monfils-Chesneau.

que les femmes, si elles voulaient ! Où trouver plus
d'onction, plus d'adresse à découvrir la blessure
d'une main légère? Et quelle douceur de soins !
comme elles excellent à développer peu à peu la
confiance d'un homme, cette confiance nécessaire
pour rapprocher les âmes et sans laquelle la vie
reste en l'air ! On dévorerait tout Platon ou tout
Schopenhauer sans y trouver le quart de la philosophie pratique qui peut tenir dans un petit cerveau de femme. Leur sensibilité guidera leur raison, et elles ont sur nous l'immense supériorité
de savoir consoler, parce qu'elles ont celle de
savoir souffrir. Elles paraissent gaies quoique
oppressées de soucis, brillantes quoique enlisées
dans une ornière obscure et tenace, des papillons
quoique sur terre, fortes quoique faibles, pudiques
quoique livrées aux plus dures réalités, belles
quoique malades, jeunes quoique d'âme vieillie.
Toutes, jeunes ou vieilles, froides ou passionnées,
vachères ou duchesses, toutes semblables (à moins
qu'une vie factice ne les ait trop profondément
écrasées), elles démêlent et entendent une note
unique, la note du cœur. Du caillou de la route
jusqu'aux nuages, partout il y a pour elles un
flottement de lumière et d'héroïsme. Elles vivent
dans une atmosphère dorée, ardente, respirant la
poussière des hommes.

On s'est trompé en comparant les femmes aux
hommes et en les jugeant inférieures parce

qu'elles ne font pas de choses soi-disant recti-
lignes, comme la politique. Mais il faut reconnaître qu'elles ont des qualités maîtresses d'art et
de sensibilité. Les fleurs doivent naître sous leurs
pas : mais les fleurs ne naissent pas toutes seules,
Fénelon, Fleury, Dupanloup, bien d'autres encore,
l'ont déjà dit, et il n'y aurait qu'à reprendre cette
tradition ; il faut que l'éducation des femmes
repose avant tout sur le développement de la conscience, de la sensibilité, et, par conséquent, sur
l'idée de liberté.

*
* *

On fait encore diverses objections.

Développer la sensibilité des femmes, dira-t-on,
n'est-ce pas développer un côté faible?... Elles
ne sont déjà que trop impressionnables. Il y en
a qui changent, d'une minute à l'autre, de physionomie, de sentiment, d'idée. En les abordant,
on ne sait jamais qui on va trouver. Il n'y a de
constant que leur inconstance. Elles rient d'un
œil et pleurent de l'autre. Si vous vous hasardez à
émettre aujourd'hui l'idée qu'elles soutenaient
hier, elles vous regardent avec défiance : cette
idée leur paraît suspecte, venant de vous. Elles
s'impatientent aisément, comme chacun sait ; elles
s'irritent : vives pour un détail minime, faibles

dans des cas importants... Est-ce là un sens à
développer?

Il est facile de répondre que tout cela tient, au
contraire, à un manque d'éducation de la sensibilité. Les enfants aussi sont capricieux! Mais, si
sévère qu'on puisse se montrer pour les femmes,
on reconnaîtra, je crois, que, sous leurs appa-
rentes variations, elles sont capables de sentiments plus stables que les nôtres. Elles n'oublient
pas. Il y a chez elles des affections étrangement
durables et étrangement profondes. Beaucoup
d'innombrables femmes ont le courage que nous
avons le moins : celui de sacrifier sa vie sans
phrases, avec ténacité, non pas pour détruire
d'autres vies, mais pour en édifier; l'héroïsme de
l'hypocrisie!... Quelle belle armée que celle-là!

On objectera encore que cultiver ses impressions est bien pour une femme riche, qui a du
temps à elle, mais qu'une femme occupée de choses
sérieuses ne le peut pas. Quelle erreur! Il n'y a
que les femmes occupées qui aient du temps à
elles; les femmes oisives n'on ont pas. Du reste,
le bon goût ne s'achète pas dans un rayon des
grands magasins; une femme habituée au travail,
au recueillement, à la simplicité, s'y trouve mieux
préparée qu'une femme riche et oisive.

Reste enfin la fameuse preuve que les femmes
ne sont pas capables, en définitive, d'une action
personnelle; elles n'ont jamais fait de découvertes

célèbres. Cette objection-là ne nous touche guère, puisque précisément la science pure ne nous paraît pas du domaine des femmes, mais qu'en revanche leur art général et synthétique, borné à « des clartés de tout », est excellent pour pacifier les abrutis de la vie mécanique. Cependant, l'administration est une espèce de science, et il faut reconnaître qu'à cet égard leur œuvre, quoique silencieuse, est de premier ordre; là-dessus, César et M. de Tocqueville sont d'accord. La science de gouverner une maison, d'animer tout le monde en vaut une autre; et, peut-être, bien des législateurs n'aimeraient pas à voir administrer leur maison comme ils administrent l'État.

***

Il faut donc en finir une bonne fois, et envisager clairement le devoir précis des femmes, qui est de développer leurs dons naturels et d'adopter hardiment les vertus que les hommes n'ont pas.

Elles sont l'instrument de vie, on pourrait presque dire : la chaudière de vie. En elles fermentent tous les éléments. Elles ne sont occupées qu'à transformer et à donner. A peine ouvrent-elles les yeux à la lumière, il leur faut

5

une poupée à chérir, à soigner, à dorloter. Et elles continuent ainsi, engendrant, chérissant, soignant, dorlotant, à moins que la vie ne les déforme. « Leur mécanique, comme disait J.-J. Rousseau, est admirable pour apaiser les passions ou les soulever. » Physiologiquement même, tout indique en elles la force merveilleuse de résistance, de relativité et de multiplication. Elles n'ont rien pour attaquer ; les plus fines sont les plus fortes ; elles résonnent étrangement à tout sentiment ; elles aiment l'argent avec résignation, mais la gloire les enivre ; elles vivent d'un coup d'œil et d'un coup d'aile ; leur enthousiasme est contagieux, elles répandent la jeunesse et la fraîcheur de vie. C'est ainsi que, sans le vouloir, sans le chercher, elles se prêtent constamment, elles revêtent tout de leur propre enthousiasme. La science, elles la justifient par les nobles jouissances qu'elles en tirent : des épines, elles font sortir des roses, et ces roses encore, elles les cultivent, les rendent doubles et odorantes, les font fleurir en tout temps. Excellentes jardinières du monde ! Leur rôle a pu varier avec les circonstances et les besoins des temps ; mais les nécessités urgentes du temps présent ne servent qu'à l'accentuer et à le mettre en relief. L'ignorance, la faiblesse des femmes nous font plus de mal, en réalité, que l'ignorance ou la faiblesse des hommes. On ne gouverne plus par

des vertus passives; il faut maintenant des vertus
actives.

Jadis, le roi appartenait à tout le monde, il représentait quelque chose d'indispensable à toute
société, quelqu'un n'ayant point d'intérêt privé, et
tout entier à l'intérêt général. Il ne possédait rien
en propre, pas même un parc, pas même son
palais. Eh bien, si hardie que l'idée puisse paraître, disons que les femmes aussi ne peuvent
régner qu'à condition de mettre leur âme en
commun. Autrement, elles n'auront aucune action,
même sur leurs fils. Une femme manque à des
devoirs essentiels si elle se borne à déplorer les
malheurs des temps, et à patronner de bons petits
jeunes gens, au lieu de savoir et de montrer en
quoi les temps peuvent être mauvais, d'extraire
l'homme qui sommeille en nous et de l'embellir.
Elles ont le fardeau de la joie humaine. Et une
femme d'intelligence, de loisir, a sur ce point
des devoirs plus compliqués que celle qui trait
les vaches ou qui garde les dindons.

Elle doit penser et aimer par elle-même, au lieu
de porter dans son cœur mille sentiments avortés.
Son mari, ses amis, chassent, jouent, travaillent,
gâchent leur vie... Soit : elle n'a pas le droit d'en
faire autant. N'est-ce pas perdre les hommes que
de ne pas les racheter, le pouvant?

Aucune difficulté ne la découragera si, d'abord,
elle se rend bien compte qu'elle a ce qu'il faut

pour réussir, puis si elle envisage clairement ses responsabilités.

Elle se trompera quelquefois; l'enthousiasme lui-même, l'art délicieux de parer les choses, a ses périls, il emporte dans l'irréel, il admet un peu d'illusion, de rêve, de préjugés, de légendes... Qu'importe, si l'arbre est vigoureux! Faudrait-il abattre un peuplier superbe parce qu'on y aperçoit des pousses de gui?

Il se peut aussi qu'une femme s'égare dans la vanité. C'est un petit ridicule assez commun (même chez les hommes), et fort agaçant quand il s'applique à des questions d'étiquette ou de couturières. Mais pourquoi ne conviendrions-nous pas qu'il y a une noble vanité, excellente, qui consiste à bien connaître les choses qu'on peut aimer, à jouir de l'apostolat qu'on exerce, et, pour y réussir, à se rendre soigneuses, fines, attentives, industrieuses, persuasives? Où est le mal?

Il ne faut donc point s'arrêter à ces craintes. Le but spécial de la vie des femmes, celui par lequel elle se distingue de la vie des hommes, est clair : ce sont les choses grandes, les choses à aimer, celles qui ne « rapportent » pas. L'homme sert l'argent. Vous, Mesdames, vous vous servez de l'argent, et vous devez viser plus haut, à ce qui ne s'achète pas : les dévouements, les amitiés vraies, voilà vos spéculations. Restez-y fidèles. C'est la rédemption...

Pardonnez ! en vous saluant, je crois voir sur ma muraille, au lieu d'un papier *modern style*, une grande fresque primitive, un symbole exquis de votre règne : l'ange du ciel, respectueux et agenouillé lui-même devant la maternité sans tache, annonçant que de votre dévouement va venir le bien des hommes. La scène est simple et douce, la couleur calme ; une chambre close, une draperie, à peine une échappée du ciel...

DEUXIÈME PARTIE

LA VIE MOYENNE

CHAPITRE I

LA CRÉATION DU MILIEU

> Jeune homme, réjouis-toi dans ta jeunesse ; livre ton cœur à la joie, marche dans les voies de ton cœur, et selon les visions de tes yeux.
>
> (ECCLÉSIASTE, XI.)

En résumé, l'art de la vie se trouve dans le gouvernement de la sensibilité, et il incombe aux femmes de l'exercer.

Or, gouverner la sensibilité, cela veut dire en pratique : 1° savoir la toucher; 2° savoir la diriger vers un but à définir.

Une femme agit sur la sensibilité des hommes, indirectement par certains outils, qui sont les choses ou les idées ambiantes, c'est-à-dire le milieu, ou directement par elle-même.

Indiquons rapidement ces divers procédés.

L'homme est, en général, plus paresseux que sot. Nous n'avons point demandé à vivre : nous vivons parce que nous sommes nés, nous vivons sur terre, d'objets terrestres, parce que la nécessité nous y oblige ; nous mourrons quand il plaira à

Dieu, et il adviendra de nous ce que voudront la Justice et la Miséricorde. Nous subissons les impressions, plutôt que nous n'allons les chercher.

Il arrive ceci : le milieu où nous vivons nous saisit par tous les sens physiques et moraux, et pénètre en nous, au point de nous modifier à un degré imprévu. Nous sommes le bien de l'air que nous respirons et des objets qui nous entourent.

Personne n'échappe à cette influence, que M. Taine a été jusqu'à considérer comme la loi presque absolue de notre développement. Puis, à mesure que nous la subissons, apparaît un autre phénomène, celui de la suggestion. Notre sensibilité s'accentue, notre force individuelle de résistance diminue, au point que nous admettons de véritables fascinations, spéciales ou générales. Chose étrange : cette fascination est contagieuse, et, à certains moments, on voit un peuple entier en proie à une idée fixe, ou bien des séries d'hommes gouvernées par une même suggestion.

Voilà un genre de phénomènes sur lesquels il est indispensable aux femmes d'avoir des notions très précises.

C'est la base de leur art.

L'Anglais Wallace et bien d'autres depuis lors ont constaté l'harmonie singulière qui relie les êtres vivants aux conditions de leur vie. Voici un cas simple et bien connu : celui du lapin ; laissé à l'état sauvage, le lapin prend une couleur de bure, qui le confond avec les feuilles mortes, les bruyères, les fougères ; domestiqué, il devient noir, blanc...

Physiquement, nous subissons une influence semblable, et moralement encore plus ! Visions, parfums, sons, tout agit sur nous et tend à nous modifier.

C'est un fait palpable. que la lumière est un élément de gaîté, parce qu'il en résulte une légère surexcitation du cerveau, autrement dit parce qu'elle est tonique [1]. Le gamin de Naples est autrement gai que celui de Londres [2].

De plus, toute notre machine se tient étonnamment ; elle a une vraie unité. M. Féré a parfaitement montré que l'oreille entend mieux si l'œil est touché en même temps par une sensation agréable, si le nez perçoit une senteur qui le flatte, bref si, tout en s'adressant en particulier à un sens, on intéresse tous les autres [3].

L'art de la nature est celui-là : il nous enveloppe complètement. Aucun papier de tenture ne nous étale plus de couleurs et plus variées ; aucun orchestre n'a plus de voix. Nous créons aussi des jardins, nous aimons à vivre parmi les fleurs ou parmi les animaux ; ils agissent sur nous.

1. M. de Fleury.
2. On a remarqué aussi que les suicides se produisent surtout dans les grands froids ou dans les fortes chaleurs.
3. Deux Anglaises qui étudient le rôle de l'élément moteur dans la perception esthétique, miss V. Paget (Vernon Lee) et miss C. Anstruther Thomson, ont soutenu, dans la *Contemporary Review* (octobre et novembre 1897), que tout l'être physique s'intéresse aux émotions esthétiques.

Transportez ces règles dans la vie morale : vous les trouverez semblables. On l'a dit depuis long-temps : Dis-moi qui tu hantes, je te dirai qui tu es. Il y a une sorte d'esthétique mondaine, purement extérieure, qui sauve de bien des défaillances et qui conspire avec les plus nobles sentiments.

Prenez un homme à la charrue, passez-lui une capote de soldat, encadrez-le, lancez-le au son de la musique, et le voilà renouvelé : il ne reste qu'à lui parler d'honneur et de patrie. Tel homme de cœur sec entrera sans y penser dans un temple : un chant tendre et naïf, l'obscurité sainte du sanc-tuaire, parmi les arceaux demi-voilés et les sculp-tures mystérieuses, le pénétreront d'un sentiment nouveau. En politique aussi, l'esthétique du mi-lieu agit. La liberté parlementaire avait jadis créé de nobles atmosphères de beauté. On sait qu'au Parlement anglais le *speaker* avait l'habitude d'appeler ses collègues « l'honorable représentant de X... » Ce n'est qu'en guise de rappel à l'ordre qu'il prononçait le nom personnel, comme si l'homme, par erreur, apparaissait. Un jour, un « honorable », légèrement ému de whisky, osa répondre à l'in-sinuation et demander ce qui adviendrait en cas de résistance : « Dieu seul le sait », répliqua, en levant rapidement un doigt, le *speaker* flegma-tique. Voilà un exemple de beauté du milieu.

Cet art du milieu a certainement une impor-tance majeure. Il y a une température morale qui fait apparaître une certaine végétation, comme dans la nature physique. Toutefois, il ne faudrait pas croire que nos transformations s'opèrent sans difficulté ni sans résistance. Certains hommes résistent positivement à l'action du milieu : et ce qui devrait les faire vivre les tue. Louis XVI, par exemple, dans une situation modeste, eût été le plus parfait des hommes, et jamais, comme serrurier, il ne fût monté sur l'échafaud. D'autres, au contraire, dans une atmosphère de douceur, mettront partout la force. Les utilitaires incorrigibles ne feront de l'art qu'un instrument de perversion.

Aussi faut-il créer les milieux avec beaucoup d'adresse. Les principes généraux ne varient pas; mais il faut savoir s'en servir, car il s'agit, pratiquement, d'« entortiller », de fasciner, de persuader.

CHAPITRE II

LA NATURE

> Le soleil est beau, sa lumière est
> douce ! Le petit oiseau, l'insecte, la plante,
> la nature entière a retrouvé la vie et s'en
> imprègne, et s'en abreuve ; et je soupire,
> parce que cette vie n'est pas venue jus-
> qu'à moi, parce que le soleil ne s'est pas
> levé sur la région des âmes, qu'elle est
> demeurée obscure et froide. Lorsque des
> flots de lumière et des torrents de feu
> inondent un autre monde, le mien reste
> noir et glacé. L'hiver l'enveloppe de ses
> frimas, comme d'un suaire éternel. Laissez
> pleurer ceux qui n'ont point de prin-
> temps.
>
> (LAMENNAIS.)

Une impression extérieure, vive, inusitée, est
utile pour commencer l'attaque. Ainsi un milieu
de campagne, pour des gens habitués à la ville.

Tout le monde, ou à peu près, aime la campagne ; mais on l'aime de manières très diverses :
les artistes l'aiment pour le soleil, l'air, la belle
couleur, la liberté, l'activité...; les gens pratiques,
pour les occupations physiques qu'elle comporte,
chasse ou autres.

La source des hommes se trouve, en somme,
comme celle des fleuves : sur les montagnes. Les
moines connaissaient bien la vie, d'aller instituer

une forte existence de calme et de travail sur
un sommet, en large conversation avec une
nature simple, ou aux bords de l'eau, ou tout au
moins dans le fond des bois. Un lac, un étang,
la mer, la forêt, nous parlent aussi le langage
primitif.

Me voici dans un pays plat et recueilli. Con-
naissez-vous cette zone singulière qui s'appelle
Forêt d'Orléans? Non, car les amateurs de solitude
et de silence ne l'ont, heureusement, pas décou-
verte. De longues, d'indéfinies routes, larges et
désertes, à travers les bois, sorte de cloître vert,
canalisent la pensée : au-dessus, un ciel gris ; au
bout, une brume bleuâtre. Nul bruit, que les sif-
flements du vent. Les animaux même se cachent.
Çà et là, quelques grands étangs mélancoliques.
Partout, un sentiment de pensée droite et conte-
nue. Ma silencieuse maison, entre ses avenues
immobiles, a des airs de couvent. De mon cabinet,
comme mon ami Montaigne, je vois l'eau, le ciel,
les hauts peupliers, et des bois, toujours des bois,
buvant la buée d'hiver, ou, l'été, bruissant d'orage
et appelant la foudre. L'homme, ici, est rude
et actif : bûcheron, ou homme de pensée; il
sent la nécessité de frayer sa voie; c'est la simplicité élémentaire ; à quoi lui servirait la douceur, entre les épines et le ciel?... La pensée
aussi devient de la trempe des chênes : on
s'entretient avec un vieux chêne, qui, comme dans

certaine cantilène de Tennyson[1], vous parle des
siècles écoulés : vous écoutez son discours sans paroles, vous comprenez ses gestes immobiles. Dante
prétend que, dans les veines de quelques arbres,
coule le sang d'hommes, trop violents, que la Justice
d'en haut emprisonna de cette façon, comme autrefois Daphnis fut changé en laurier[2]. Heureux le
silence! heureuse la solitude! comme l'homme se
retrempe dans ce tête-à-tête résolu avec une nature
solide, à deux heures de Paris!

Les pays du Nord dégagent ainsi une impression
de vigueur et d'intimité ; de plus, ils ont l'art de
ne pas tout dire et de maintenir partout une brume,
fût-ce légère. C'est, pour nous, comme un grand
théâtre ou comme un grand salon, qui nous repose
des végétations de papier ou du calorifère...
mais, chose singulière, le ciel a plus d'intimité
qu'un plafond...

> Tout dit, dans l'Infini, quelque chose à quelqu'un !
> ... Tout est plein d'âme[3].

Bien qu'on soutienne assez volontiers que notre
amour pour la nature date du xviiie siècle, les
gens du Nord ont toujours aimé cette nature-là. Il
y a longtemps que les primitifs flamands mettent

1. Dont M. Léon Morel a donné une jolie traduction.
2. Voir le volume de M. Bouvy, *Dante*, dans la collection
Ch. Dejob, p. 31.
3. Victor Hugo.

des paysages dans les portraits, des bouquets de fleurs dans les intérieurs ou des jonchées d'œillets et de roses sur les pages des missels.

Les femmes, si artistes en cela, et qui ressentent si bien la joie du soleil, l'alanguissement des eaux, le calme solide des bois... pourraient bien aussi nous mettre au diapason de la nature, et nous déraidir de notre civilisation, en nous ramenant doucement à causer avec elle.

Le ciel du Midi a d'autres ressources. Là, plus de nébuleux ni de « tachisme » ; c'est la joie, la netteté, l'affirmation, un ciel croyant au lieu d'un ciel sceptique. On appelait jadis les Grecs des « enfants », et, en effet, l'ancien Grec s'ébattait dans l'existence avec une joie d'enfant heureux de vivre. La vieillesse même lui souriait, et comme il avait très peu de besoins physiques, tout, dans la nature, lui semblait une harmonie plaisante et aimable. Il jouait avec elle, et la peuplait de ses idées sous forme de génies champêtres[1].

Et comme François d'Assise aussi fut un grand

1. « Les Italiens sont les plus impies des hommes ; ils se moquent de la vraie religion, ils nous raillent, nous autres chrétiens, parce que nous croyons tout dans l'Écriture... Il y a un mot qu'ils disent en allant à l'église : « Allons nous conformer à l'erreur populaire. » « Si nous étions obligés, disent-ils encore, de croire en tout la parole de Dieu, nous serions les plus misérables des hommes, et nous ne pourrions jamais avoir un moment de gaîté. Il faut prendre une mine convenable et ne pas tout croire... » Les Italiens sont ou épicuriens, ou superstitieux. Le peuple craint plus saint Antoine ou saint Sébastien que le Christ, à

artiste ! Jamais il ne s'est dit qu'il allait faire une œuvre d'art, mais librement, simplement transporté d'enthousiasme, pour lui, tout était amour. Comme avec un rayon Röntgen, il aurait vu dans une pierre les clartés de la vie. « Louez l'Éternel, feu et grêle, neiges et brouillards ! » dit le Psalmiste. Et lui aussi, avec ses sœurs les fleurs, avec ses frères les animaux, il chantait de tout son cœur ; l'histoire de sa vie est pleine de ses relations avec les agneaux, avec les oiseaux surtout. Il rassemblait les hirondelles pour les haranguer, il leur montrait la beauté de leur existence, et il se sentait réconforté par leurs chants, par leurs battements d'ailes[1].

Un jour, dans les marais vénitiens, il passe avec un frère près d'un buisson tout plein de voix. Il dit à son compagnon : « Nos frères les oiseaux louent leur Créateur : allons donc nous placer auprès d'eux, nous joindrons nos louanges aux leurs, et nous chanterons l'office de l'Église. »

Et il faisait ainsi ; il alternait avec les oiseaux, les priant de cesser, de temps à autre, pour qu'il entamât sa strophe. Et il leur parlait, et il les bénissait, il leur disait d'aller joyeusement chanter Dieu dans les pures régions des airs. Et lui-même

cause des plaies qu'ils envoient... Voilà comment ils vivent dans une extrême superstition, sans connaître la parole de Dieu, ne croyant ni à la résurrection de la chair ni à la vie éternelle, et ne craignant que les plaies temporelles. » (Luther).

1. *Fioretti*, ch. xii.

était heureux : « Je vois que la volonté du ciel est que nous demeurions quelque. temps ici, puisque nos frères les oiseaux semblent trouver tant de bonheur à nous y voir [1]. »

Après quarante nuits d'insomnie, François eut une extase ; il fit prendre la plume à un de ses frères, et il entonna un merveilleux cantique « au Soleil », un cantique de joie humaine qui se termine par une louange à la Mort ; car, pour lui, la mort elle-même, confiante et ensoleillée, devient la vie ! Cantique triomphant et délicieux ! Jubilation de ce pauvre hère en haillons, de ce chemineau par enthousiasme.

« Loué soit Dieu, mon Seigneur, à cause de toutes les créatures, et singulièrement pour notre frère Monseigneur le Soleil, qui nous donne le jour et la lumière ! il est beau, et rayonnant d'une grande splendeur, et il rend témoignage de vous, ô mon Dieu ! Loué soyez-vous, mon Seigneur, pour notre sœur la Lune et pour les Étoiles... ; loué pour mon frère le Vent, pour l'Air et le Nuage... » et ainsi continue la litanie de l'amour universel.

Citerons-nous encore, parmi les maîtres du moyen âge, saint Antoine de Padoue, las des hommes, s'arrêtant au bord de l'Adriatique bleue et parlant aux poissons? Jacopone de Todi, au fond d'un cachot, chantait par le soupirail : « Tout ce

---

1. Saint Bonaventure, *Vie de saint François.*

que l'univers contient me presse d'aimer. Bêtes des champs, oiseaux, poissons des mers, tout ce qui plane dans l'air, toutes les créatures chantent devant mon amour[1]... »

En France, on est généralement moins lyrique ; cependant, on n'a jamais tari sur le compte des champs. George Sand, qui a été une campagnarde ardente, va jusqu'à dire qu'en certains moments elle sentait son esprit se perdre en quelque sorte dans ce qui l'entourait; elle s'imaginait courir, voler, planer, tant elle participait à la vie générale... A Paris même, on voit des gens vagues, captivés par la vue de la Seine qui coule sous un pont, et la regardant sans penser à rien ; ou bien des impressionnistes qui regardent le ciel en pensant à autre chose, par exemple au cours de la Bourse, et à qui le ciel produit tout de même une impression.

Dans les pays du soleil, la femme, même à la ville, représente assez bien l'objet total du décor, l'âme de la nature, l'être de beauté naturelle. On vit sur la place, à la fois esclaves et libres, sensuels et mystiques; la femme pousse entre les pavés, comme une fleur, en tout charme et tout éclat.

Je ne saurais dire si les Français, en général, et les Parisiens, en particulier, sont du Nord ou du

---

1. Ozanam, *Poètes franciscains.*

Midi; mais je les crois, d'ordinaire, plus portés à regarder directement la femme que ce qui l'entoure. S'il en est ainsi, la nature produit justement sur eux l'impression désirable.

CHAPITRE III

L'ART DES CHOSES

L'art humain a pour but de compléter, de doubler notre pénétration par les choses. Comme le contact avec le vrai ou l'utile manque souvent de charme, soit que le beau passe « hors de portée », comme disent les chasseurs, ou que le laid nous serre d'un peu trop près, l'art consiste à se créer un nid, une petite chapelle, un petit milieu qu'on puisse aimer, et à présenter par les côtés doux les choses dont le contact est inévitable. J'ai déjà cité l'exemple du parlementarisme anglais d'autrefois.

De même, l'art d'une femme consiste ainsi à tirer des occupations les plus modestes un rayon de beauté et d'amour ; et le moyen le plus sûr de l'y trouver, c'est de l'y mettre.

Une grosse erreur contemporaine est une erreur d'esthétisme. On croit qu'il y a des choses qui sont nécessairement artistiques, qui vous créent artiste de pied en cap dès qu'on y touche, et d'autres qui ne peuvent jamais l'être. On se précipite sur les unes, on fuit les autres. On se croit artiste par le seul fait de manier un ébauchoir ou un pinceau plutôt qu'une charrue : une institutrice tant soit peu sotte se juge supérieure à l'humanité... En réalité, il y a des choses où l'on met de l'art et d'autres où l'on n'en met pas. L'art consiste à vivre fermement, sans agitations, à faire honnêtement ce pour quoi on est né, et à le faire avec amour.

Je ne puis oublier, par exemple, l'impression singulière que me produisit, dans un coin du vieil hôpital de Bruges où travailla Memling, un groupe de béguines qui épluchaient des carottes en murmurant la même prière. Je sortais, avec une bande de touristes, les yeux remplis de beauté, le cœur hanté des fines apparitions de Memling : ces femmes calmes, dont pas une ne leva la tête devant l'apparente banalité de notre passage, toutes préoccupées de mêler l'amour de Dieu à l'accomplissement de ses lois, rendaient bien le sentiment du peintre, le rayon vivant de grâce. J'aperçus sur elles comme une clarté d'art.

Voici une femme qui, à un point de vue tout différent, mêle l'amour aux choses, avec le même instinct : c'est la célèbre Mme Roland.

« Ses raisins et ses prunes qu'elle sèche, ses noix et ses pommes qu'elle étend dans le grenier, ses

poires tapées qu'on va retirer du four, ses poules
qui couvent, ses lapins qui multiplient, sa lessive
qui chauffe, le linge qu'on raccommode et qu'on
range dans la haute armoire, tous ces soins qu'elle
dirige, l'occupent à fond et la charment. Elle
assiste aux fêtes du village et tient sa place dans
les danses, sous la feuillée. On vient la chercher
de trois ou quatre lieues à la ronde pour soigner
les malades abandonnés du médecin. Elle parcourt
les champs à pied, à cheval, pour recueillir des
simples, enrichir son herbier, compléter ses col-
lections, et elle s'arrête avec bonheur devant les
touffes de violettes qui bordent les haies gonflées
par les premiers bourgeons du printemps, ou
devant les pampres rougis qui frissonnent au
souffle de l'automne : tout lui parle, tout lui rit
dans les prés et les bois [1]. »

Lorsqu'une femme s'est armée de cette force
spéciale de la beauté, elle a beaucoup fait. Il ne
lui reste qu'à l'entretenir et à la répandre : sa vie
est une œuvre d'art permanente ; autour d'elle,
se crée presque naturellement un milieu, où tout
sollicite et tient en haleine nos plus nobles sentiments. Ah ! cet art-là n'est ni une chimère, ni
une vanité, ni une inutilité, c'est la grande cuisine de vie. Même dans une chaumière, il rit au
passant, il montre des fleurs, il enseigne la bonne

[1]. M. O. Gréard.

grâce et la nécessité de la joie. M. Guyau définit l'artiste « celui qui, simple jusqu'en ses profondeurs, garde en face du monde une certaine nouveauté de cœur et comme une éternelle fraîcheur de sensation. » Voilà l'impression dont une femme doit s'entourer, et, pour cela, elle n'a pas d'efforts bien singuliers à faire, puisque la première règle est franchise et simplicité. Le luxe nuit plutôt. Inutile de chercher loin, de dénicher des styles inédits, de compliquer, d'aimer l'affecté, le rare, l'excentrique, l'alangui... Que la maison soit un lieu vivant et bien ordonné, où l'accessoire ne passe pas avant l'essentiel, où chaque objet ait sa place et son caractère spécifique! Répandez partout un sentiment d'unité, comme aussi, autant que possible, de largeur et d'aisance.

A la campagne, respectez la vieille demeure, même un peu délabrée, les murs, les vieux meubles, la vieille avenue, la vieille église... Qu'on se sente chez quelqu'un! Une maison est un livre de pierre et, si vous voulez, à tout vous donnerez une âme, même aux pierres. Laissez votre propre vie faire invasion librement sur ce vieux fond. Des irrégularités de construction, des adjonctions récentes, tout cela, c'est le cri de l'existence. Quelque chose de votre âme reste ainsi fixé à tous ces murs. N'est-il pas vrai que l'architecte d'un édifice, le peintre d'une

fresque, le sculpteur d'une arabesque ont atta-
ché à leur œuvre des lambeaux de leur âme?
Leur pensée flotte à ces murailles. La voix qui
chante fait revivre en nous l'âme du musicien ;
le peintre, le statuaire nous parlent, nous servent
de guides. Moi aussi, aux pages de ce petit livre,
je laisserai quelques lambeaux de mon âme, avec
l'espoir qu'à l'ombre de cette pensée on pourra
prier et aimer.

La simplicité d'un appartement inspire au visiteur un sentiment de confiance, et, si j'ose ainsi
dire, de naïveté, extrèmement profitable et agréable.
L'art parfait est celui qui ne se laisse pas soup-
çonner. L'appartement où l'on ne sent pas la
main du tapissier, qui a été *vécu*, dégage un
charme particulier. On lui sait gré de répondre
discrètement à notre besoin secret, qui est un
désir permanent, une idée du mieux, le vœu de
s'attacher à une vie pleine des bénédictions du
Seigneur. En ceci, il n'y a donc pas de règle,
sinon qu'une femme peut nous en imposer par la
pompe de son appartement, mais qu'elle ne nous
touche que par l'art discret de nous faire entrer
dans sa propre existence.

Rien de pénible comme les meubles aux contours prétentieux et tourmentés, les draperies à
couleurs fausses, les tentures diffuses qui singent
l'ombre ou le nuage. Il faut donner à l'ensemble un
cachet absolu de développement élémentaire; que,

par un art de subordination naturelle, ce qui doit attirer le visiteur l'attire immédiatement.

Que tout sente le « noble plaisir », comme disait Stuart Mill, le calme, la durée! que tout donne l'impression d'une âme robuste et chaude, autour de laquelle vibrent les objets, et qui appelle naturellement à soi d'autres âmes!

Les mignardises d'étagère, les petits bibelots expriment l'agitation. Même en dehors du clinquant ou du gros luxe, il y a une sorte de fausse note dans l'excès de parure. Tout est si compliqué maintenant qu'il faut une grande fortune pour pouvoir se permettre de vivre et de mourir pour son compte! On finit par envier le sort des femmes qui n'ont qu'une robe ; car, au moins, celles-là, comme dit M. Ch. Wagner, ne se demandent pas comment elles se vêtiront. Je suis donc un peu de l'avis des Anglais, qui aiment à pouvoir se remuer dans un palais, malgré les chefs-d'œuvre, et qui préfèrent une pelouse un peu inculte, mais spacieuse, commode, à la bibelotterie des squares et aux petits gazons mis sous verre, tondus ras, encombrés de massifs de carton, avec des « mouvements » de terrain, qui ont si tristement délabré notre goût, en même temps que la santé de nos enfants.

La gamme générale des couleurs a une grande importance dans un appartement. Qu'est-ce que la couleur? on n'en sait rien. Existe-t-elle réellement? on l'ignore; mais peu importe. Elle existe pour nous, cela suffit. Les couleurs frappent nos yeux par des ondulations plus ou moins répétées, paraît-il; elles nous touchent et elles influent sur nous de la même manière que le son, et presque aussi sensiblement que la nourriture.

On a démontré qu'il suffisait de nous entourer d'une couleur vive pour produire une certaine surexcitation musculaire, analogue à celle qui résulterait d'un son aigu. La thèse, chère à la Renaissance, que chaque couleur favorisait en nous un sentiment particulier, est devenue maintenant une réalité scientifique, depuis les travaux de MM. Féré, Wundt et autres.

Il faut donc choisir avec soin les couleurs d'un appartement. Sans faire sur les hommes le même effet que sur les taureaux, le rouge les pousse à l'énergie, à l'action, ou tout au moins aux gestes. Au point qu'en Allemagne on s'est servi du rouge pour soutenir l'activité dans certains ateliers!

On pourrait mettre beaucoup de rouge vif, mais en le soutenant par du bleu foncé; le bleu est calmant et fortifiant. Le vert répond à la paix, le blanc à un peu de faiblesse; le jaune va mal à presque tout le monde, et n'est pas gai. Pourtant, le jaune clair et le carmin, les anciennes couleurs de la Renaissance française, actuellement les couleurs du drapeau espagnol, donnent ensemble une note très riante.

Rien de navrant comme le spectacle de la plupart des papiers de tenture. C'est les yeux fixés sur ces choses sans nom que vous voudriez suivre votre rêve, délibérer votre existence ! Étonnez-vous donc qu'il y ait tant de rêves misérables et tant d'existences médiocres ! « La suggestion du papier est irrésistible dans la chambre où l'on vit : au réveil, elle s'exerce sur notre volonté énervée par le rêve et engourdie par le sommeil. Elle nous atteint encore lorsque, malades, nous sommes condamnés à rester les regards rivés sur les rinceaux, les fleurs ou les personnages de la muraille, l'imagination désemparée par l'ennui[1]. » Elle s'empare facilement aussi des visiteurs ; elle les captive par la géométrie implacable qu'on découvre sous l'apparent caprice des bouquets et des ornements. On peut dire que bien souvent notre pensée lèche les murs et s'en nourrit.

Si vous voulez développer chez vous l'atmosphère idéaliste, accentuez votre plafond. Au lieu d'un ciel léger ou de teintes vaporeuses, faites-lui mettre une poutraison robuste, chargée de moulures, avec des légendes d'une inspiration haute et consolante, et de fortes couleurs bleues, rouges, vertes. L'œil se portera là. Sacrifiez les murs, faites-les clairs, pour qu'en disparaissant ils égaient et agrandissent la pièce. Les fenêtres

---

1. M. André Hallays, *Journal des Débats*, 1ᵉʳ juin 1900.

peintes en ton très foncé encadreront fortement le
paysage et vous mettront en communication avec
lui. Si, cependant, le malheur vous a placée dans
une rue, avec un ingrat vis-à-vis sur lequel on ne
peut pas attirer l'attention, faites peindre les fenêtres en clair, pour les perdre aussi.

Il y a quelque chose de médiocre à remplir son
appartement de meubles mous et purement con-
fortables : canapés, chaises longues, ottomanes,
poufs. Le grand fauteuil, ferme et large, avait autrefois un autre caractère de dignité, même dans
le gracieux style Louis XV. Quant à certaines
bizarreries qui ne répondaient à rien, pas même
à l'ambition qu'on peut avoir de s'asseoir sur
une chaise, elles ont heureusement fait leur
temps.

Tout doit donner le sentiment de la gravité
avec celui de l'intimité.

Une mode incroyable, inouïe, s'est répandue, de
vivre portes ouvertes. Est-ce par affectation de
grandeur? est-ce simplement pour échapper à la
suffocation du calorifère? Je ne sais. Mais où
trouver une plus lamentable fonction que celle de
recevoir, en commun avec ses laquais, dans une
espèce de halle dorée, des allants et venants, avec
lesquels on ne peut naturellement échanger que
quelques propos sur la pluie et le beau temps?
C'est l'expresse négation de tout art.

Bannissez même le calorifère, pitoyable ! ou, du

moins, qu'il n'empêche pas la belle flamme flambant ferme dans la cheminée, joie des yeux et du cœur! amorce nécessaire de toute amitié! Et que la lumière, une belle lumière de soleil, entre librement par les fenêtres, avec sa joie et sa franchise! Peut-être cela vous coûtera-t-il l'aveu de quelques rides ; mais le cœur, lui, se déridera.

Riche ou pauvre, chargez peu vos murailles, mettez-y seulement une note vivante, amicale, quelque chose qui complète votre âme, un élément de vie ; une jolie aquarelle, une belle gravure... N'est-ce pas mille fois préférable au clinquant banal, ou même aux tapisseries ? C'est vous, c'est votre pensée qu'il faut fixer sur ces murailles! Par là, vous étendez et vous fortifiez votre action personnelle. Que m'importe de trouver dans votre salon tel ou tel objet? Vais-je dans un atelier de photographe, ou dans un musée? Je vais chez vous. Et même, à dire vrai, il ne me semble pas très agréable de voir au-dessus de votre tête votre propre portrait, ceux de votre mari et de vos enfants. Le portrait n'a pour but que de remplacer des absents ; et puis le peintre ou le sculpteur a trop l'air de s'interposer ainsi entre vous et moi, et de m'indiquer presque brutalement comment je dois vous comprendre. Et qu'arriverait-il donc si j'allais admirer l'imitation plutôt que l'original?...

J'aime mieux vous deviner, vous comprendre à ma façon, d'après la poussée d'affection que tra-

duit l'unité secrète de tous les objets. Si en entrant
le visiteur n'aperçoit rien de violent, si son œil, en
se portant tout de suite vers la cheminée ou vers
un autre point saillant, s'arrête sur une belle
tête nimbée d'esprit et d'idéal à la mode chrétienne
ou sur un beau corps à la grecque, calme, digne,
point tourmenté ni nerveux, correctement épanoui,
le voilà tranquille et déjà confiant.

Plus tard, son regard se promènera ; il aper-
cevra quelque beau primitif italien, d'une adorable gaucherie, plein d'ardentes idées, et sugges-
tif de grandes envolées ; ou bien, si vous avez
l'inquiétude de la vie, s'il vous faut·sonder le
mystère et l'inconnu, vous aurez ménagé quelque
vision à la Vinci, ou bien les joies spirituelles et
superficielles de l'école française, ou l'admirable
élan de quelques-uns de nos paysagistes.

Beaucoup de personnes cultivent la petite peinture, parce que ces tableautins tiennent partout,
vont avec tout, font partie de l'ameublement, ne
soulèvent aucune question quelconque. Ce sont
des vacheries, splendidement récurées, des intérieurs bien époussetés, des chaudrons, vibrants et
vivants, ou bien des terres aquatiques, avec des
arbres gris, des eaux grises, des nuages déchi-
quetés, étirés, épaissis, floconneux. Cela ne fatigue
pas la tête et n'offense personne, outre que, au
point de vue du métier décoratif, ce sont souvent
des œuvres d'une facture supérieure.

Rembrandt est le dieu de l'ombre, inverse des épanouissements italiens. Dans un nuage opaque, il pique une tache d'or, et cette tache, c'est un gueux, un ivrogne, un triste, un pauvre, un avachi, un Juif d'Amsterdam ou des Batignolles; ou bien c'est lui-même.

Il y a aussi les vieux Flamands gargantuesques, avec leurs cortèges phénoménaux, leurs franches lippées, très gaies, exubérantes de vie.

Il me semble qu'en matière d'art il ne faut dire *raca* à rien ; toute impression d'art peut servir. Et je ne vois pas trop l'utilité d'une dispute, comme celle qui se poursuit depuis des siècles, sur les qualités de la forme ou de la substance. Certainement, il y a des traits accidentels et des traits essentiels. Vous choisirez, suivant votre goût. Ce n'est pas aux arts du dessin qu'il appartient de gouverner votre âme : c'est à vous de les gouverner et de vous servir d'eux. Préférez-vous invoquer l'image ou la pensée ? Voulez-vous vous entourer de vérités brutales, soi-disant vraies, ou bien de suggestions, de figures qui s'effacent au profit des impressions ou des idées ? Aimez-vous la belle forme des choses, le dessin précis, les contours, ou bien un plein, une surface dont les lignes se perdent dans l'ombre ambiante ? C'est votre affaire. Les bons outils sont ceux qui vous conviennent le mieux. Le peintre, le statuaire n'a pas pour mission de

7

reproduire mathématiquement une scène; un photographe vaudrait mieux. Son rôle est de vous
servir, de vous apporter des éléments de l'art de
la vie.

L'artiste, en effet, se reconnaît à ce que,
dans une foule, dans un paysage, il distingue et
détache l'objet préféré; il se fixe sur lui, il y
perçoit des nuances multiples, et le charme est
si grand qu'autour de cet objet il ne voit rien que
ténèbres. L'objet d'art vous rend ce service délicieux d'ajouter des visions aux vôtres et de vous
encadrer d'idées. Vous ne lui demandez pas ce
qu'il est, mais ce qu'il indique : des trompe-l'œil
très habiles, comme on en voit dans les maisons
italiennes, ne vous causeraient qu'un plaisir bien
superficiel. Vous avez besoin de soutien, et non
d'illusion; ce marbre, vous le savez à merveille,
est du marbre; mais il vous parle.

Seulement, la parole de l'art a besoin d'être bien
posée. Pour l'entendre ou la faire entendre, il faut
y mettre un peu du sien. Est-ce que, tous les jours,
par suite de notre distraction, ou par un changement de nos dispositions, le sens des objets ne varie pas prodigieusement pour nous, même le sens
intellectuel le plus précis? Si nous lisons un livre
en pensant à autre chose, les plus belles pensées
glissent sur nous, comme sur du marbre. Une
dame, que jadis un livre assez ordinaire avait
enthousiasmée, m'écrit pour me demander de

lui en indiquer un autre qui lui produise le
même effet. Je lui réponds de se munir d'abord
du même enthousiasme, puis de prendre un livre
quelconque dans sa bibliothèque. Tel jour,
tout à notre mécanisme, nous passons comme
des aveugles ; le lendemain, ayant le cœur atten-
dri, l'esprit satisfait, nous éprouvons une suggestion complète, nous allons jusqu'à voir, dans une
phrase ou dans un tableau, des idées que l'auteur
n'a pas songé à y mettre.

Il n'y a donc pas à se préoccuper de nous montrer dans un appartement une foule de choses
belles ; il vaut mieux en montrer très peu, mais
qui soient bien en valeur, appropriées à ce qui
les entoure, et qui fassent en quelque sorte leur
fonction de chef d'orchestre.

A l'appui de cette remarque, il suffit de rappeler le fâcheux effet que produisent certains musées.
Voilà l'écueil à éviter, le genre « collection » !
Toutes ces malheureuses toiles, arrachées de
l'endroit lumineux, de l'endroit pieux, intime,
unique, sont étalées là, dans un déménagement
savant, sans racines nulle part. A partir de deux
heures, on doit trouver la naïveté nécessaire pour
en jouir, et on la perd au coup de quatre ou cinq
heures, suivant les saisons. Au lieu d'entrer
dans un salon avec un cœur reposé et de voir
dans le sanctuaire l'objet du sanctuaire, on le
dissèque, on le compare administrativement, on

cherche « la petite bête »... Les braves gens critiquent le sujet, les autres la manière, la technique ; les gardiens se promènent ou dorment dans un coin. Quel crime de vider les rues, les palais, les églises, les cimetières mêmes, pour aligner une pareille série d'étiquettes ! C'est l'art fonctionnaire.

Dans un appartement très simple, l'œuvre unique, harmonisée à son milieu, et bon interprète des goûts d'une femme, nous rend un tout autre service ! Ce n'est plus un cadavre à dépecer... On regarde ce qu'on aime, et tout s'éclaircit ; on oublie, ne fût-ce qu'un instant, la vie outrageante... Eh bien ! je mets en fait que la femme la plus pauvre du monde, si elle a confiance en la beauté, pourra toujours faire rayonner ainsi son logis ; elle peut toujours y mettre quelques fleurs ou une photographie.

CHAPITRE IV

L'ART DES IDÉES

L'ameublement supérieur consiste à garnir ses fauteuils d'êtres parlants ou agissants. Je traite de meubles ces êtres familiers, sans aucune mauvaise intention, simplement pour montrer qu'il ne s'agit pas d'amis, mais d'accessoires, de gens dont l'art aide le vôtre, Madame, abstraction faite de leurs propres idées ou de leurs propres goûts.

Dans cette catégorie, les musiciens tiennent probablement la première place. La musique, d'ailleurs, joue dans l'esthétisme un rôle bien plus élevé que les arts manuels, et à peine inférieur à celui des arts intellectuels. Comme ceux-ci, elle n'a pour ainsi dire pas de substance, et elle est plus purement sentimentale ; que nous le veuillons ou non, il est rare qu'elle ne s'empare pas de nous, fût-ce par des sensations confuses; elle nous lie comme dans un filet, et elle fait ce qu'elle veut : elle nous attendrit, nous endort, nous

secoue. Elle tire son effet des relations du son,
soit avec les sons voisins à l'échelle, soit avec le
chanteur et l'auditeur. C'est peu de chose en soi,
et cependant c'est une chose capitale : toute vie, tout
mouvement même fait du bruit, à commencer par
le vent et la mer ; et on a toujours recouru au
bruit pour toucher les hommes.

Les mendiants, les aveugles ont toujours chanté[1]
et chantent encore ; on a chanté pour consoler des
affligés, pour faire marcher des régiments, même
pour endormir des douleurs physiques.

C'est donc avec beaucoup de raison que les
femmes considèrent la musique comme leur
domaine très particulier. Ainsi, à l'époque de la
Renaissance, lorsqu'elles ont le plus régné, elles
adoptaient, dans leurs portraits, des attributs
musicaux. C'était comme un sceptre.

Convient-il à une femme de viser plus haut, et
de chercher à s'entourer d'un véritable milieu philosophique, historique, scientifique, poétique, bref
intellectuel ? Oui et non. Si elle est assez sûre de
son esprit et de son ascendant pour que tous ses
personnages ne soient que des meubles de son
âme ou des rayons fidèles de sa gloire, pour qu'ils
étendent son action, oui. Non, si elle peut craindre
d'être absorbée par cet entourage et réduite à un
rôle d'aubergiste.

1. Voir *le Garçon et l'Aveugle*, saynète du xiii⁰ siècle, publiée
par M. Paul Meyer.

On dit souvent qu'il n'y a plus de salons; on
s'en plaint; en effet, il n'y en a plus, et il n'y en
aura plus, parce qu'à l'heure actuelle, étant don-
nées les ambitions et les prétentions des hommes,
les nécessités de leurs carrières, les obligations
de la lutte pour la vie, on ne connaît plus guère le
dilettantisme de se laisser incarner ou résumer
par une femme. Un salon devient très vite une
sorte de bourse d'affaires, littéraires, sportives ou
autres. Cela ne veut pas dire que les femmes
doivent négliger, pour leur propre usage, les
ressources artistiques ou intellectuelles; mais, certainement, on reconnaîtra qu'il leur faut un vrai
courage pour s'élever au-dessus des cancans, des
conversations d'affaires ou d'écurie, de ce qu'elles
lisent ou de ce qu'elles entendent. Heureux les
milieux où l'on peut encore jouir en paix de la
vie et penser! Heureux qui fait de la prose
sans le savoir!

Cependant, sans tenir de salon, les femmes
peuvent encore exercer sur les choses de l'esprit
une police vraiment indispensable. Au lieu de se
laisser entraîner vers le tapage, la réclame ou le
scandale, pourquoi ne traiteraient-elles pas, au contraire, comme des ennemis particuliers, les hommes
qui ne se servent d'un talent souvent incontes-
table que pour jongler avec elles, pour promener
partout des nudités et des bêtes à plaisir? Pourquoi
encourager les faiseurs, tel ou tel génie de Mont-

martre ou du quartier Latin? C'est se constituer
esclaves que se jeter sans cesse aux pieds de
la mode. Toujours la mode!... Une pièce est
mauvaise : n'allez pas la voir, et dites-le! Une
poésie se compose de ritournelles indéchiffrables,
c'est un amas de mots sonores : ayez le courage de
dire que vous n'y comprenez rien et que votre
esprit aime la clarté! A chacun son courage : voilà
le vôtre. On ne vous demande pas d'aller tirer le
canon; on vous demande de lire ou de ne pas lire,
de voir ou de ne pas voir. Au besoin, sachez
donner un grand coup de balai! Vous seules
pouvez détruire toute la littérature de café-con-
cert, de casino, de bas roman, qui envahit les
moindres hameaux plus que l'alcool. Ce courage
est-il au-dessus de vos forces? Est-ce que, sous
prétexte de démocratie, vous vous croyez obligées
de vous enivrer des ignobles rince-bouches qu'on
débite à deux pas de votre château? Pourquoi
donc vous nourrissez-vous l'esprit de choses qu'on
n'oserait même pas débiter en plein vent? Il ne
s'agit nullement de passer sa vie au prêche. Un
mot léger, ou même idiot, n'est pas pour déplaire.
Mais, de grâce, exigez qu'avant d'entrer chez vous
on se lave les mains. Tel personnage que vous
invitez à dîner, que vous choyez, porterait la
livrée et montrerait ses mollets dans votre anti-
chambre s'il était resté honnête homme. Osez
affronter et vanter les choses vraies, sérieuses.

Répandez-en le parfum autour de vous. Vous avez la responsabilité du livre qui traîne sur votre table.

De quelle puissance vous disposeriez si, résolument, vous agissiez dans l'intérêt de la beauté ! Tout le monde vous rendrait les armes. Le sentiment du beau est si fort ! « Scruter le rêve des poètes est la vraie philosophie », a dit un philosophe[1]. « L'esprit du savant s'arrête aux phénomènes ; l'âme du poète essaie d'aller plus loin, et, par le rêve, s'enfonce en pleine réalité... Si la connaissance ultime est celle qui atteint non la superficie, mais le fond de l'être, la méthode poétique est la vraie[2]. »

Entourez-vous donc au moins d'hommes qui aient le goût de rendre la vie un peu musicale ; encouragez dans les conversations les images précises, nettes, chaudes, les finesses de sentiment plutôt que les ficelles du langage ; répandez un air de franchise, de gaîté, de politesse, surtout de respect. Votre porte n'est pas celle d'une église, mais elle n'est pas non plus celle d'une halle.

Quelques femmes croient trop aux hommes célèbres ou réputés tels ; elles se les figurent plus élevés qu'ils ne sont, et surtout plus difficiles à atteindre. La plupart des hommes, sots ou éminents, ignorés ou connus, ne se soucient guère de grands sentiments, et se satisfont d'un peu d'illusion ou de suggestion ; on les mène par des

1. M. Izoulet.
2. M. Souriau.

moyens bien enfantins, à condition seulement de les sortir d'eux-mêmes...

Avez-vous réfléchi quelquefois à la facilité extraordinaire avec laquelle nous nous détachons de nous dès que nous faisons acte d'imagination, par exemple si nous lisons un roman? Il nous plaît d'être dupes; nous voulons tout voir, tout entendre; nous croyons assister à des scènes auxquelles le romancier lui-même déclare que personne n'assistait. Ainsi, comme le disait un écrivain fort spirituel[1], on s'identifie si bien aux aventures de Loti que, le jour où on reçut à l'Académie M. Julien Viaud, officier de marine, toute l'assistance, pourtant triée sur le volet, croyait réellement voir M. Loti.

L'art des romanciers consiste à nous faire adhérer à ce qu'ils peignent. M. Loti, par exemple, dont je viens de parler, qui a si bien peint la mer, n'a point cherché à l'élever jusqu'à nous; il ne lui a prêté ni idées, ni volonté, ni tristesse, ni extases; mais il a merveilleusement senti et fait sentir combien sa vie épaisse et quasi éternelle, sa lourdeur invincible, son agitation sans but pesaient sur nous, et c'est par là qu'il nous a puissamment saisis.

Eh bien, votre art est pareil. Vous n'avez à vous mettre en peine ni de votre valeur ni de la

---

1. M. Henry Michel, *le Temps*, 9 avril 1892.

nôtre, mais seulement de l'effet que vous pouvez
produire sur nous, qui aimons être dupes. Avouez
que voilà un principe tutélaire ; car il est plus
commode d'administrer des illusions que des réalités.

———————

CHAPITRE V

L'ART DE SOI-MÊME

> Qu'en tout temps les vêtements soient
> b'ancs, et que l'huile parfumée coule sur
> ta tête. Jouis de la vie avec la femme
> que tu aimes, pendant tous les jours de
> ta vie rapide que Dieu t'a donnés sous
> le soleil, durant tout le temps de la va-
> nité... car il n'y a ni œuvre, ni pensée,
> ni science, ni sagesse dans le séjour des
> Morts où tu vas en hâte.
>
> (ECCLÉSIASTE, IX.)

Autrement dit, c'est la femme, en définitive, qui est le cœur de la place ; le reste n'est que rouages ; son action est la seule.

L'objet d'art qu'il faut donc soigner par-dessus tout avec une sainte vanité, c'est elle.

Je ne viens pas ici donner des recettes de toilette ni m'établir en concurrence inégale au tailleur ou à la corsetière. Mais, pourtant, l'art du charme personnel comporte tellement de philosophie, et de si haute, qu'on est excusable peut-être de frapper un peu à la porte de l'intimité, très philosophiquement, pour essayer de justifier quelques préceptes...

D'abord, celui-ci : La plus jolie toilette est celle

qu'on ne remarque pas, et qui fait le mieux valoir.

Il y a une certaine élégance naturelle, qui sied aussi bien aux femmes que les fleurs à un arbre. Celle-là peut se passer des secours d'un art trop apparent. La simplicité et la bonté caractérisent, comme on sait, les vraies grandes dames.

Comment prendre au sérieux une poupée qui n'a rien à elle, dont la poche s'ouvre béante par derrière, si c'est la mode, ou qui n'a pas de poches, ou qui ne peut même pas se servir de ses bras, trop ficelés ou trop bouffants, et encore moins de ses jambes, n'en ayant pas l'habitude? Un homme peut s'amuser d'elle ou par elle; avoir foi en elle pour quoi que ce soit, jamais!

D'autre part, trop de femmes dites sérieuses affirment leur vertu par des mises négligées, tout à fait pénibles, sous prétexte que la beauté de l'âme suffit; on voit des paquets, sans sexe, balayer les sacristies ou remplir certains équipages. Vraiment, c'est manquer à un strict devoir social que de nous présenter la vertu ou la maturité sous des aspects aussi désobligeants.

L'Évangile n'a jamais dit : « Bienheureux ceux qui ne changent pas de linge ! » Je veux bien que le corps ne soit pas tout; mais enfin il n'est pas rien. C'est un bel objet à respecter. Sans lui, nous ne serions pas nés, nous n'aurions aucun moyen d'exprimer nos idées. L'esprit et lui ont passé un étrange contrat; ils sont de bien intimes amis. Le jour où nous avons la plus petite migraine, nous sentons-nous l'esprit libre?

Il faut donc accepter notre corps pour ce qu'il est, comme l'instrument de nos rapports avec le monde extérieur. La parure doit signifier que vous n'entendez ni le donner ni le reprendre, mais qu'étant femme, c'est-à-dire la représentation physique du charme, vous exercez votre office, et que vous conduisez « vos goûts et vos années comme des chevaux bien attelés ».

« Ah! me direz-vous, voilà une morale qui ne sera pas du goût de mon mari. C'est à lui, n'est-ce pas, qu'il faut plaire (tout au moins principalement); or, la preuve que je suis loin de dédaigner mes modestes charmes, c'est que je dépense pas mal pour ma toilette, et il trouve même que je dépense trop. Alors, que faire? car il n'y a pas de milieu : s'habiller ou ne pas s'habiller. Je vous défie de sortir de ce dilemme. Or, comment s'habiller si vous ne voulez pas que j'achète la robe qui se porte, ou un chapeau de la bonne faiseuse [1]?... »

Il y a du vrai dans l'objection; il faut s'habiller. Mais « la robe qui se porte » me touche moins. Pourquoi cette sujétion, à mon humble avis un peu extravagante? Ah! il ferait bon voir M. le pré-

---

1. M. O. Gréard.

fet de police arrêter la coupe des robes, ou même
le Pape décider, par encyclique, si on portera sur
sa tête des plumes ou des oiseaux avec leurs
pattes! Où est la loi, la pénalité? La loi, c'est
qu'une robe vous aille personnellement; la pénalité, c'est que tel chapeau vous dépare.

La mode a pourtant des excuses : d'abord, elle
indique un renouvellement de la toilette, elle fait
donc marcher le commerce ; autrement, on
pourrait être tenté de réaliser bien des économies
subreptices!... Puis, chose plus grave encore, au
point de vue esthétique elle satisfait l'œil, au
point qu'une chose démodée semble tout de suite
ridicule, et qu'au contraire, si quelques objections
se présentent contre la mode du jour, ces objections sont timides. Ceci est très vrai, et précisément voilà un effet extrêmement fâcheux. Il est
arrivé qu'avec certaines modes accentuées on ne
voyait plus passer que des costumes : toutes les
femmes finissaient par se ressembler.

« Au moins, me direz-vous, cela nous dispense de rêver de colifichets et de faire des frais
d'imagination. Est-ce qu'on ne passe pas déjà
assez de temps chez sa couturière et dans les
magasins? Faut-il que la vanité ne nous lâche pas
une minute, que nous ne fassions plus que penser à notre toilette? C'était bon peut-être dans les
temps aristocratiques et sereins, par exemple
pour les grandes dames de la Renaissance. Main-

tenant, on n'a plus le temps... » Plus le temps!
Ah! permettez-moi un léger sourire! Dans toute
femme, même qui dort, il y a toujours un coin
de pensée pour la toilette; et heureusement!
L'uniformité de nos costumes masculins est un si
cruel stigmate de décadence et d'ennui!

La toilette, d'ailleurs, n'est pas une pure affaire
d'imagination et de fantaisie. Elle a d'incontestables principes, qu'il serait fâcheux de mécon-
naître.

Il y a, d'abord, le principe de la verticalité.

Une femme, n'est-ce pas, est un être vertical
qui se meut horizontalement, et ce caractère vertical fait sa noblesse.

De tout temps, et en tout genre, les sommets
ont paru beaux, voisins du ciel, des vastes pensées
et des célestes solitudes, tandis que les lignes
horizontales passent pour terrestres, possessives,
humbles même. Il y a donc deux grandes écoles
pour la toilette : la toilette verticale, un peu fière,
comme un roc sourcilleux; l'autre, qui fait mine de
s'agenouiller (mais s'agenouiller, parfois, est une
douceur, peut-être une force !).

Les lignes verticales, quand on peut les supporter sans paraître aiguë ou raide, laissent
l'impression la plus esthétique, pourvu qu'on les
corrige par un peu de moelleux dans les formes;
elles se complètent par une coiffure relevée,
pleine d'accent, et par un chapeau haut. Quant aux

couleurs, elles ont aussi un sens moral, et on
devrait les appareiller à la couleur de l'âme. C'est
ce que l'on fait en cas de deuil, sous prétexte que
le noir seul ne peut se déteindre... ; comme si
les sentiments morts étaient seuls immortels!
Jadis, le noir était la couleur de la constance, et le
blanc, celle du deuil, du vide d'un cœur sans
amour ; le rouge indiquait la joie; le bleu, la jouissance du calme ; le jaune ou l'or, des dispositions
très actives...

Tout le monde sait l'importance du choix des
étoffes, les différences que comportent l'âge, les
saisons, les heures de la journée, la diversité des
effets.

Il y a des étoffes graves, mates, et des brillantes ;
des mousselines douces, vaporeuses, lumineuses,
et des velours sévères ou magnifiques, des draps
de confort patriarcal, à coupe tailleur... Tout
cela multiplie la femme, et, pourtant, il faut, sous
ces habits divers, conserver son unité. Il y a une
proportion générale qui ne doit pas varier et surtout certains accents qui doivent toujours rester
les mêmes.

L'habitude générale de couper une femme en
deux, c'est-à-dire de vêtir le buste, en le moulant
ou en le montrant plus ou moins, comme la partie noble de l'être, et de perdre le bas du corps par
une jupe qui fait cloche à partir de la taille et qui
produit un effet assez lourd, est un usage contre

lequel nous n'oserions certes pas récriminer. Les
Grecs, grands amateurs de la pure beauté, consi-
déraient pourtant les diverses parties du corps
comme également dignes de parure. En Orient
aussi, les idées restent à cet égard différentes des
nôtres. Au fond, notre principe d'habillement a
des prétentions idéalistes et chrétiennes ; c'est une
gradation, factice, savante, qui a pour but de
dégager peu à peu les effets à mesure que le corps
monte, et de porter l'attention principale sur les
yeux et la chevelure, lesquels, dans ce système,
acquièrent une légitime importance. Mais il présente aussi bien des inconvénients.

En tous cas, c'est un principe très faux que d'étof-
fer par trop les jupes, ou, à plus forte raison, de les
accentuer encore par des poufs ou autres subter-
fuges lamentables, ou bien d'allonger la taille, ou
de souligner la coupure qu'elle produit ; il n'y a
plus alors aucune harmonie. On a essayé quelquefois de rattacher ensemble le bas et le haut du
corps, notamment par des manteaux Watteau. En
effet, le mieux est de les séparer le moins possible
et, puisque jupe il y a, de soigner surtout les
dessous, de ne pas trop faire bouffer la jupe et,
surtout, de ne pas lui infliger d'ornements spéciaux
tels que volants ou ruches, que le corsage ne rap-
pellerait pas, ni surtout de la détacher par des
couleurs plus claires que le corsage.

Par suite de l'ensevelissement du bas du corps,

la bottine acquiert une très grande importance.
Un joli pied rappelle de jolies mains, et rétablit
intellectuellement un peu d'unité.

Quant au corsage, on lui a vraiment donné, pendant longtemps, trop d'importance. Les collerettes,
les bouillonnés genre xvi° siècle, si à la mode au
moment où j'écris, produisent un effet un peu en-
goncé, quoique fier. En revanche, les *gigots* (le
nom seul indique la valeur de l'objet) manquaient
de caractère monumental. Pourquoi n'avoir pas
plus de confiance dans la beauté du bras? On
comprend des artifices pour réparer les bras mal
faits; mais le bras est susceptible d'une grande
noblesse : il dessine le geste, il indique la volonté
et l'enveloppement; des gants, un éventail le complètent à merveille; ses belles lignes, bien pleines,
aboutissant à un poignet un peu fin, constituent
une vraie parure.

En un mot, tout ce que porte une femme,
tout ce qu'elle manie, doit se rapporter à elle et
développer sa personnalité. Un simple détail, pour
finir. Nos montres actuelles sont pitoyables, toujours rondes, uniformes, banales. Jadis, c'était un
joyau; on en trouve de toutes les formes, en
forme de boîtes, de croix, de boules, de fleurs de
lis... que sais-je? Ne pourrait-on pas revenir à
cette jolie idée de tout rendre personnel?

Certainement, ces préoccupations de toilette
peuvent paraître futiles et un peu mesquines,

et elles le sont si elles ne s'inspirent que de l'esprit
futile et mesquin qui s'appelle la vanité. Mais
il y a une sainte vanité, qui consiste à n'être pas
belle seulement pour sa propre satisfaction personnelle, à penser que la beauté en ce monde
a une action considérable et qu'à en exercer le
ministère on fait œuvre divine et, pour ainsi dire,
sacerdotale.

Je n'exagère pas. Ce que l'Ecclésiaste appelait
une lampe brillante sur un candélabre d'or est devenu, pour l'esthétique chrétienne, une apparition
divine, ou, selon l'expression du cardinal Bembo,
le reflet, « l'influx » de Dieu, par un visage de
femme. Dieu, Madame, a mis son sceau sur vous,
et vous a dit : « Allez, voici ce que chantera le
monde entier : voici le symbole du monde, l'unité
et la proportion des formes, l'harmonie et, pour
ainsi dire, l'amour des membres les uns pour
les autres. Tout est amour en vous, et votre corps
tout entier semble une mélodie qui nous élève vers
le Divin. » J'emprunte des mots de saint Augustin. Et saint Bernard vous invite aussi à donner
vos soins à la chair, avec sobriété, avec une certaine mesure spirituelle, pour porter dignement
le cachet de Dieu.

C'est que tout devient admirable du moment
où ce n'est pas vous-mêmes que vous cherchez à
glorifier, mais en vous et par vous l'universelle
beauté nécessaire. Et on ne saurait mieux faire, à

ce propos, que de citer encore saint Augustin. Il pousse l'enthousiasme jusqu'à dire que, dans la structure du corps humain, le Créateur a préféré la beauté à la nécessité ; « car, ajoute-t-il, la nécessité doit passer. Et, au contraire, un temps viendra où nous jouirons de la beauté seule, de notre beauté mutuelle, sans désir impur. Et voilà ce dont il faut surtout glorifier le Créateur, à qui il est dit dans le Psaume : *Vous vous êtes revêtu de splendeur et de gloire[1].* »

Soyez donc belle, je ne dirai pas à outrance, mais franchement, sincèrement, qu'on permette le mot : bravement! Faites de votre être, comme dit l'Apôtre, « l'hostie vivante; que votre culte soit raisonnable », puisqu'il a pour but de répandre l'affection autour de vous, et que ce but saint ennoblit tout.

La vraie et pure beauté est la beauté d'âme, de même que le vrai amour n'a rien de sensuel. Comprenez donc bien ce que veut dire ce mot : « Soyez belles. » Il signifie que le charme physique doit concourir, mais concourir seulement, à l'ultime production de la beauté.

Un préjugé très courant, très souvent rappelé par les plus brillants esprits, consiste à soutenir que l'art devient presque fatalement immoral, que l'esthétisme était une doctrine païenne et que le

1. *Cité de Dieu*, liv. XXII.

christianisme repose sur l'anéantissement de la
chair. C'est, à ce qu'il nous semble, une exagération, et, à vrai dire, un système un peu dégradant. Nous croyons, au contraire, qu'ennoblir la vie,
c'est l'élever d'un cran au-dessus de la morale utilitaire, que la beauté est la consécration de l'existence
et sa perfection suprême, et que le christianisme
a dégagé lumineusement cette vérité en distinguant
l'esthétisme du sensualisme. Mettre le corps à sa
place est bien ; l'anéantir serait mal, parce qu'il est
notre instrument de vie et notre guide vers la beauté.

Les Grecs anciens ont poussé un peu loin, sans
doute, le culte des belles formes; à ce point qu'au
lieu de nos comices agricoles, consacrés à l'amélioration des vaches et des carottes, ils avaient des
concours sous diverses formes pour l'amélioration
de la race humaine. Mais nous, en revanche, nous
ne semblons guère travailler qu'à détériorer
notre race, et on peut se demander comment il
reste encore tant de tailles fines et de tournures
distinguées.

Chercher la beauté ultime dans la vie purement
physique serait évidemment une erreur et, d'ailleurs, une duperie. Ce que nous aimons, en somme,
c'est notre amour, et, s'il faut tout dire, l'illusion
même suffit, du moment où elle répond à nos
désirs. Cette idée n'a rien de paradoxal ni de
quintessencié : nous l'éprouvons tous les jours.
Est-ce que, pour jouir d'un tableau, nous avons

besoin de croire que ce n'est pas un tableau ? Dans un paysage, ce qui nous séduit, c'est moins la nature que, pour ainsi dire, le rêve de la nature, ce que nous ne voyons pas, ce que nous sentons, ce que nous nous imaginons. Nous n'aimons pas la nature, mais l'émotion qu'elle nous donne, la manière dont elle pare la réalité par ses jeux d'ombre et de lumière.

On peut admettre aussi qu'une femme, même aimée, n'est qu'un prétexte : notre profit, c'est le rêve que nous formons à son occasion, et qui nous appartient en propre. La conclusion est celle-ci : La beauté n'existe réellement qu'à condition de savoir s'en servir; autrement, c'est comme un anneau d'or au nez d'une truie[1]. Êtes-vous belle, Madame, dans le sens absolu du mot ? Je l'ignore, et, en réalité, cela m'est égal. Il ne s'agit que d'une chose, de l'impression que vous faites. Penchez-vous au bord de l'eau et regardez-vous : votre image n'est qu'une illusion, et cependant elle existe. Je suis cette eau qui vous réfléchit. Pur, calme, je possède parfaitement votre image ; mais, si vous me troublez, elle sera trouble.

Il ne s'agit pas du tout d'arriver à une thèse physique de beauté, mais simplement à un effet de beauté. C'est encore l'avis de saint Augustin : « Il y a, dit-il, deux beautés, celle qu'on juge belle

---

1. Livre des *Proverbes*.

et celle qui touche! », celle qu'on aime : appelez
celle-ci, si vous voulez, le charme. Comment
telle femme qui ne peut passer pour une beauté
touche-t-elle, attire-t-elle? Il est assez difficile d'en
donner une raison scientifique. « Tu n'as ni
beauté, ni science, ni naissance, disait à François
d'Assise un de ses moines, et cependant tout le
monde court après toi[2]. » Mais François d'Assise
« se donnait » beaucoup, et probablement le charme
de certaines femmes tient un peu·à la même
recette. Elles ont beaucoup d'expression, et,
par conséquent, elles donnent quelque chose de
leur personne morale. Toute personne impres-
sionnable impressionne : l'influence est reflexe et
réciproque.

La rougeur, la pâleur, l'éclat ou le trouble des
yeux produisent des effets très sympathiques. Il y
a des yeux qui nous remuent jusqu'au fond des
entrailles, des regards qui consolent de tout. Le
geste, l'attitude ont aussi leur importance : les
choses mêmes ont une attitude; ainsi de cheveux
soyeux, même blancs, on peut tirer un effet de
douceur extraordinaire.

Et, chose curieuse, ces gestes, ces attitudes
agissent même sur la personne qui gesticule.
Ainsi c'est avec une profonde connaissance de la
machine humaine que les *Exercices* des Jésuites

1. *Confessions*, liv. IV, chap. XIII.
2. *Fiorelli*, chap. VIII.

recommandent de soigner les attitudes pendant les
oraisons : se mettre à genoux, joindre les mains,
avoir un regard fixe, voilà des procédés qui ne
sont pas indifférents. Ils touchent le spectateur,
mais ils touchent aussi la personne agenouillée.

Il faut donc arriver à se rendre maître jusqu'à
un certain point de l'image physique des émotions.
Cependant, les figures les plus attachantes seront
toujours celles où les émotions se peindront franchement ; il y a des visages féminins d'une mobi-
lité à la fois délicieuse et déconcertante, mais si
parlante qu'en un éclair elles parlent comme Bossuet, et à ce langage tous les sens s'intéressent.

On juge aussi une femme à son parfum préféré, à
sa voix... Telle a un organe d'homme d'affaires ; telle
autre détaille musicalement sa parole et tire un
parti exquis des inflexions, de la variété de son
registre, elle glisse dans la conversation des
notes cristallines, basses, graves, caressantes, qui
touchent énormément.

Au xvi° siècle, en abordant une femme à la
française, on la baisait au visage, sur les lèvres ;
ensuite, on a baisé la main ; maintenant, la poignée de main à l'américaine prévaut. C'est un
tort, car la poignée de main actuelle ne signifie pas
grand'chose. Tandis que tout contact aimable
est une caresse ; et, du haut en bas de l'échelle
des êtres, depuis les chats et les ânes, qui se
frottent les uns aux autres, jusqu'à la guenon

caressant plus ou moins brusquement sa progéniture, tout sentiment affectif s'accompagne d'un contact, qui en devient pour ainsi dire la consécration naturelle.

Une femme ne devrait donc tendre la main que dans un but de grâce et de faveur, et, sur toute main tendue, des lèvres d'hommes devraient s'appliquer avec un sentiment d'affection ou de respect. Le baise-main, jadis, était la grande pratique des Italiens, et ils en tiraient un si gracieux parti que des femmes même, sans blesser un vieillard ou un homme qu'elles voulaient honorer, savaient lui baiser la main avec un art tout à fait tendre. Le peuple baisait volontiers le bas du vêtement. On trouvait extrêmement naturel de baiser les mules du Pape. Il est fâcheux que ces délicatesses de l'art du contact aient entièrement disparu.

Mais nous ne pouvons pas nous étendre sur tous ces petits problèmes ; résumons-les d'un seul mot : le charme d'une femme consiste dans l'art de rendre sa relation aimable.

Et son honneur est d'élever cet art assez haut pour que les moyens physiques restent ce qu'ils sont, de simples moyens, et que le rapport vrai s'établisse d'âme à âme.

Autrement dit, la substance pratique du charme physique est un charme moral.

Et ainsi nous arrivons encore à cette conclusion : Non seulement le charme est autre chose

que la beauté des formes physiques, mais même
on peut se demander si la beauté proprement
dite sert beaucoup au charme et si elle ne lui
nuit pas quelquefois; car c'est une arme dont on
n'est pas très maître : une épée de feu, qui brûle
la main. Au premier abord, elle rend tout facile;
mais une femme aurait bien tort de se fier à la
solidité d'une suggestion purement matérielle,
sans compter que cette suggestion n'a rien de
très particulièrement flatteur et tourne bientôt à
des résultats positifs, qui excèdent vite les limites
de l'art... Même vis-à-vis de son mari, il faut
secouer ce genre de suggestion, et se préoccuper
surtout de ce qui survit à l'éclat de l'épiderme
ou à l'éclat des rubans et des oiseaux empaillés.

Il faut donc soigner l'expression d'âme : c'est
la formule du charme physique; saisir les visiteurs par un air général de rayonnement et
de loyauté. Une jeune fille peut se montrer de
biais ou de profil, la bouche silencieuse, la pose
un peu ramassée, la vie close. Mais la mère,
femme de belle taille encore qu'un peu compacte,
doit se présenter de face, largement assise, les
bras écartés, les genoux ouverts, le regard profond plutôt que voilé, peut-être perdu dans des
pensées d'arrière-plan, les lèvres savoureuses et
vivantes, des lèvres qui ont goûté à la vie et qui
la dégustent avec un peu de désenchantement aimé.

« Quand vous jeûnez, parfumez votre tête »,

a dit le Maître. « Si votre œil est pur, tout votre corps sera dans la lumière[1]! »

En général, les femmes attachent un peu trop d'importance à une expression de bonne humeur. La vraie bonne humeur est une sorte de dilatation physique : la circulation s'accélère, le visage se colore, les yeux brillent, on a la tête haute, la taille droite. Tout cela est parfait, mais il n'en résulte pas nécessairement un contact sympathique.

Du rire non plus : on croit charmant de rire facilement et partout. Mais l'expression du rire est fort laide, outre son caractère agressif. On redoute de pleurer; mais qu'y a-t-il de plus beau que des yeux humides de larmes? La nature elle-même met les larmes au bout du rire pour le corriger et le noyer. S'il fallait avouer toute ma pensée, j'oserais dire que les hommes sont faits pour rire et les femmes pour pleurer.

Le sourire est le contraire du rire : une détente nerveuse, au lieu d'une décharge nerveuse. Il ne faut pas le confondre avec le sourire stéréotypé des idiots, ni avec le sourire convenu d'une femme qui croit que la grâce consiste à grimacer. Le vrai sourire, silencieux, réservé, plus fréquent chez les enfants et les vieillards que dans la pleine force de la vie, est un épanouissement mesuré, un état plutôt qu'un geste. On sourit surtout par

1. Saint Matthieu, V, 22.

les yeux, qui deviennent alors doux, éclatants, profonds.

La grande parure des femmes, c'est l'enthousiasme : il y en a qui, par ce jaillissement de vie, par cette transfiguration, restent admirablement jeunes et captivantes jusqu'à un âge où il ne serait plus question de beauté : il faut voir ces bons regards, chauds, flamboyants, éclatants d'une sorte d'ivresse divine ! Quelques-unes ont une vitalité intérieure, qui, à certains moments, leur donne un coup d'aile. Elles touchent, elles manient, elles administrent les choses, comme vous et moi, mais sans s'y attacher. Et, phénomène singulier, ce sont ces femmes-là qui, sans appuyer sur les détails de la vie, nous les font le plus aimer.

Le type inverse, c'est la femme accablée par son milieu, esclave des choses, ce qu'on appelle maussade, ennuyeuse, quelquefois même fatigante, quand elle veut se donner des airs de rompre en visière avec la vie étroite par de soi-disant petites mutineries piquantes, qui laissent une impression de débilité nerveuse.

Aucun art, aucun génie, aucun charme n'a l'éloquence et la beauté de la femme assez bien trempée pour dominer la vie et pour ne pas paraître en sentir les véritables épines, et, je dirai même, pour régner avec sérénité au-dessus de la tourbe des appétits humains, qui la serrent toujours de près. Aucune religion n'est plus haute, aucune science plus profonde que celle qui inspire de ramasser ainsi tout le monde bruyant, brillant ou misérable en une synthèse de bonté.

La femme forte et bonne est l'être d'art par excellence : elle a le secret de vie : c'est la fleur du monde.

A la fois enthousiaste et positive, savoureuse et énergique, elle répand dans l'air ambiant je ne sais quoi de moelleux. Elle n'a rien d'une virago, elle peut même paraître, çà et là, faible, délicate, timide... Mais un regard, un son de sa voix, nous pénètre ; cette main douce et légère, qui ne semble bonne qu'à recevoir un baiser, forge notre destin, et nous sommes surpris de sentir vibrer en nous des cordes inédites.

Si nous n'étions que des animaux, tous ces détails nous échapperaient. L'animal est susceptible de suggestion physique, il va même jusqu'à l'illusion, mais il ne comprend pas l'art, parce qu'il n'a pas l'imagination nécessaire pour compléter ses impressions.

L'art, nous l'avons remarqué, n'est au fond qu'une œuvre de l'imagination du spectateur. Un tableau, un air de musique ne seraient rien que de la couleur ou du bruit s'ils n'avaient pour effet de mettre en branle notre imagination, qui fait le reste ; qu'est-ce qu'une ruine bien restaurée, qui ne parle plus à l'imagination ? La femme, de même, ne serait

qu'une réunion de molécules, si par sa mimique
et ses diverses ressources d'extériorisation, elle ne
touchait pas notre imagination et ne lui suggérait
le sens d'une vie étendue. L'imagination est comme
une peptone qui fait digérer les aliments et permet
de se les assimiler. Les femmes nous administrent
de l'imagination et aident ainsi à notre digestion
de la vie.

J'emprunte à dessein cette comparaison un peu
positive dans l'espoir de rehausser l'imagination,
à qui on reproche de n'être point pratique et, par
conséquent, qu'on dédaigne.

Il faut bien cependant en tenir compte, car elle
produit des effets incontestables. Les chroniques
de notre pays, en particulier, sont pleines des
sottises ou des actes d'héroïsme où elle nous a
poussés ; et il n'y a pas extrêmement longtemps
encore qu'on pouvait la considérer comme la reine
de notre société.

Lorsque, au lieu de visiter les égouts, le
métropolitain ou autres objets utiles, mais généralement souterrains, les étrangers de passage
s'en allaient pieusement à la chambre à coucher
de Mme Récamier, cette chambre à coucher jouait
son rôle, évidemment, dans les destinées de la
France. Dans ce moment-là, la femme française recevait tous les hommages, notamment des Anglais.
L'un, Trotter, écrit que la Française semble née
« pour faire de la vie de l'homme un heureux songe

où des fleurs s'étendent à ses pieds et où il respire
continuellement un air embaumé ». Pinkerton parle
avec élan de la Parisienne, « qu'une charmante
liberté de manières et même de réelles amitiés
n'empêchent point d'être un modèle d'épouse et de
mère ». « Il faut des mois et des années, écrivait
aussi miss Plumptre, pour apprécier combien il y a
de femmes aimables et respectables à Paris[1]. » La
sociabilité, la gaîté, la courtoisie, le désir général
de charmer et d'être charmés, voilà, avec quelques
défauts, les traits distinctifs d'une société ainsi régie.
Tout cela est une œuvre d'imagination : mais cette
imagination n'a jamais empêché personne d'avoir
de l'esprit ou du courage.

1. Ces citations me sont fournies par M. Gréard et par les très
intéressants travaux de M. Albert Babeau.

CHAPITRE VI

LA PUDEUR

La femme sainte et pleine de pudeur
est une grâce qui passe toute grâce.

(L'ECCLÉSIASTIQUE, XXVI.)

Celui qui se glorifie de ses habits
est semblable à un voleur qui se glorifie
de la marque du fer chaud dont il est
flétri, puisque c'est le péché d'Adam qui
a rendu les habits nécessaires.

(Saint BERNARD.)

Ils sont le voile qui cache notre ignominie.

(Saint THOMAS D'AQUIN.)

La mise en jeu de l'imagination obéit, dans le
monde, à des règles particulières, qu'on appelle
« les bienséances, les usages » ; sorte de code
administratif dans le genre des horaires de chemin
de fer, mélange de morale, de mode, d'habitudes
prises, qui ne se pique pas forcément de logique.
On se moquerait d'une femme qui recevrait ses
amis, le matin, dans son cabinet de toilette, comme
au XVIII° siècle, et on trouve excellent qu'elle aille,
le soir, dîner en robe fort décolletée sous les yeux
des laquais ou danser avec n'importe qui... Pourquoi cette distinction, je l'ignore. Mille autres détails

9

semblables vous viennent à la pensée. Tel quel,
si on ne peut pourtant pas braver le code des bienséances, on peut le raisonner : voilà même un
beau sujet de méditation. Il est malheureusement
un peu vaste pour qu'on l'aborde ici, d'autant plus
que la première loi des convenances consiste à ne
pas les discuter par écrit. Nous nous bornerons
donc à parler très sommairement d'un des actes
élémentaires de convenance, l'acte de se vêtir.

*
* *

Pourquoi s'habille-t-on ? Voilà, me direz-vous,
une question bien saugrenue, et qu'il n'y a aucun
intérêt à poser, car tout le monde est d'accord,
si ce n'est chez les sauvages. — Pas du tout : les
réponses des gens civilisés varient beaucoup, et
cela importe fort pour la manière de s'habiller.

Les utilitaires, les réalistes, les darwinistes, tous
assez à la mode en ce moment, disent qu'on
s'habille par utilité, pour échapper à la pluie, au
froid, aux piqûres d'insectes... Supposez un pays
où rien n'obligerait à se couvrir, où personne ne
s'habillerait, cela ne serait ni plus mal ni plus
inesthétique que de s'habiller. C'est une pure
affaire de préservation physique.

L'esprit chrétien va plus loin : c'est, pour lui, une
question de préservation morale : l'habit dissimule la

chair ; en empêchant la vue et les contacts, il for-
tifie notre faiblesse, de sorte que le vêtement fait
presque partie de notre individualité, et qu'à nous
en priver il y aurait péril ou, tout au moins,
humiliation, déchéance. Ainsi, dans ce sens, saint
Bonaventure compare un religieux habillé en
laïque à un laïque sans vêtement[1]; il ne croit
pouvoir mieux le stigmatiser.

Est-il besoin d'ajouter que pour tout être religieux
les fonctions du corps paraissent inférieures à
celles de la raison, et que, par conséquent, il n'y
a pas lieu de s'en vanter. En effet, nous les dissi-
mulons toutes, sauf l'acte de manger (je ne sais
pourquoi, car le fait d'absorber n'est pas plus
noble qu'un autre ; mais, enfin, on fait de son
mieux pour le parer, on se réunit pour l'accom-
plir ensemble), et, de ce côté-là, la doctrine chrétienne va jusqu'à l'esthétisme.

Pour les esthéticiens, s'habiller est un art aussi
bien qu'un besoin physique ou moral. On ne
s'habille pas seulement pour se garantir du froid
ou pour dissimuler sa chair, mais, au contraire,
pour se faire valoir, en vertu d'un certain instinct
esthétique et purement sentimental, qui s'appelle
la pudeur. Tout animal, disent-ils, présente une
trace rudimentaire de cet instinct, même le chien,
qui, à certains moments, se croit tenu de rejeter

1. *Le Miroir de discipline.*

de la terre derrière lui. Nous portons en nous l'instinct de pudeur, comme un thermomètre de sensibilité plus ou moins exquise; et la preuve qu'il relève de la sensibilité esthétique plutôt que de la raison, c'est qu'il est beaucoup plus vif chez les êtres de sensibilité pure, les jeunes filles, par exemple, que chez les hommes. Il est inné, et non acquis : la froide raison, la pratique de la vie tendent à le détruire plutôt qu'à le développer ; et on a constaté une relation physiologique assez bien établie entre la sensibilité de la pudeur et la sensibilité physique des organes des femmes.

La pudeur a pour but non pas de dissimuler la beauté, ni de faire obstacle à son effet, qui est l'amour, mais, au contraire, de donner à la beauté toute sa portée pour produire cet effet. Elle ramasse donc les forces défensives dans deux hypothèses : pour le cas où le sujet, l'âme du spectateur, ne serait pas en mesure de concevoir l'amour, ou pour celui où l'objet, la beauté, serait en soi trop imparfait pour produire l'amour. Je dirai donc, pour employer des termes courants, que c'est un instinct ou de sensibilité ou de coquetterie.

Par conséquent, l'exhibition de la beauté du corps n'a, en principe, rien de dégradant; au contraire, lorsque le corps est beau, et Fénelon, par exemple, comme critique d'art, louera en toute sincérité une statue de Vénus d'être « bien une Vénus ».

Précisément, la métaphysique chrétienne[1] vient
fortement à l'appui de cette thèse, en professant
que les corps ressusciteront un jour, à l'état glorieux, c'est-à-dire à l'état de pure forme, tout
en rayonnement et en beauté, dispensés des organes
utiles; ils vivront alors d'amour, et ils répan-
dront un amour pur autour d'eux. Chose curieuse :
la science, aujourd'hui, tend à confirmer ces perspec-
tives idéales. Elle constate que notre être se
compose de paquets de microbes, estimables ou
non, qui travaillent plus ou moins pour nous, que
nous régissons plus ou moins bien, que nous re-
tenons ou que nous éliminons par une foule de
moyens presque insoupçonnés, tels que la con-
tiguïté, les ressemblances, les sensations... mais
qui, en fait, ne nous appartiennent pas, qui vivent
pour eux-mêmes. La forme humaine, que Dieu a
donnée à cette machine dont nous avons la jouissance, est presque le seul bien physique qui
nous appartienne en propre, et, vraiment, il y a
quelque chose de haut et de tout à fait esthétique à nous enseigner que tous ces microbes
s'envoleront, partiront, reprendront leur vie, mais
que notre forme à nous subsistera, et qu'elle subsistera invariable, vide de mécanisme physique,
vide même, si je puis ainsi dire, de mécanisme
intellectuel, c'est-à-dire de raisonnement, mais

1. Voir saint Thomas d'Aquin sur *Saint Matthieu*, chap. xxii.

intacte quant à la sensibilité et quant à la faculté de jouir.

Ainsi, notre être physique, c'est notre forme, et on peut comprendre une vie idéale où cette forme, délicieuse, irréprochable, exciterait d'irréprochables admirations. Malheureusement, cela n'est guère possible dans la vie présente, et voilà pourquoi la pudeur vient au secours de l'esthétique. Il faut que la beauté provoque l'amour; autrement, sa vue constitue une sorte de profanation. Certains déshabillés utilitaires ou sensuels... n'ont évidemment qu'une valeur d'animalité, et dégradent.

Le vêtement doit donc défendre contre tout ce qui n'est pas amour licite et parfait. Et, en second lieu, il peut servir d'aide à la beauté. La vraie beauté étant rare, l'art consiste toujours à trier, à sélectionner. Le ciel ne se distingue ainsi de la terre que parce qu'il nous cache quelque chose! Qu'y a-t-il de plus laid que les plaines du Nord ou la Beauce, ces choses crues, nues, qui se donnent d'un trait? Combien on aime mieux la variété, le mystère des montagnes, même accessibles! Si la pudeur n'existait pas, l'art nous conseillerait de l'inventer. Voyez comme procèdent les grands artistes, les maîtres enjôleurs : Vinci moule admirablement les formes, mais sans trop les préciser; il les enveloppe d'un doux clair-obscur. Le Corrège les caresse, leur donne un velouté délicieux et lumineux; mais on peut dire qu'il les noie dans la lumière, au point de provoquer à la fois une sensation et un sentiment! L'art consiste, décidément, en toute matière, à ne pas trop s'affirmer, et à nous lancer au-delà de ce qu'il nous montre ; l'illusion, la suggestion préparent le bonheur et y contribuent peut-être. Dès lors, on comprend l'intérêt énorme qui s'attache au sentiment de la pudeur, quelle force esthétique, quel mode d'attraction elle représente, dans le sens le plus délicat du mot, puisque, la vue constituant une possession, elle combine à la fois l'idée de l'intimité et celles du mystère, du privilège. Rester femme, c'est garder son duvet, c'est considérer le corps lui-même comme un objet de culte, qui doit toujours passer pour beau, en toute circonstance. Au point de vue esthétique, le vêtement ne fait donc pas partie de notre être; la beauté n'est pas en lui ; mais il a pour mission d'accompagner notre personne physique, de la servir, de s'harmoniser à elle, de la faire valoir et de la compléter autant que possible par la correction des défectuosités.

.*.

Or, comment concilier cet esprit de pudeur avec les rudesses de l'existence ! Il faut être dieu, table ou cuvette, comme dit le Fabuliste :

vous allez vanter à des femmes, à des jeunes filles,
la pureté, la sainteté du corps, et ensuite...? Est-
ce que les épreuves les plus courantes de la vie ne
vont pas demain donner un démenti à cette noblesse de sentiments? Vous-mêmes, vous décla-
rerez impraticable ce que vous vantiez hier, en
sorte qu'à la sévérité des choses vous ne ferez
qu'ajouter, en définitive, une cruauté de plus...!

Question cruelle, en effet, si cruelle que, malgré
son caractère éminemment pratique, on préfère généralement n'en pas parler. On la traite par le silence. Une femme délicate se fera un mérite de ne
jamais ouvrir un livre de médecine et d'ignorer
les éléments de ce que, d'ailleurs, elle devrait
savoir. Elle ne voudrait pas non plus, dans son
salon, d'une statue peu vêtue... Et puis, à la
moindre alerte de santé, aucune incertitude...
Hésiter! pourquoi? son mari le veut, tout le
monde en fait autant, personne n'en saura rien...

Voilà l'envers cruel... Il y a beaucoup de
femmes vertueuses, mais bien peu de chastes.

Le respect même dû à la vraie science et au
dévouement scientifique pourrait nous mettre en
garde contre certains abus de la médecine. Du reste,
je ne répéterai pas les appréciations très sévères
de M. Léon Daudet au sujet des médecins, de leur
actuel apprentissage moral, de leur influence sur
les femmes et de leur conduite vis-à-vis d'elles.

Autrefois, c'est devant leurs valets de chambre

que les grandes dames ne se gênaient pas, parce
qu'elles estimaient que ce n'étaient pas des hommes.
Brantôme[1], la mauvaise langue, prétend pourtant
qu'un jour une de ces grandes dames interrogea
son valet, et comme l'autre, très respectueusement,
protestait de sa neutralité, elle lui appliqua une
paire de soufflets...

Le moyen âge avait voulu entourer la profession médicale de garanties toutes spéciales : il
avait eu foi dans des principes un peu exception-
nels, il exigeait que les médecins fussent des clercs
et, par conséquent, non mariés. C'était aller loin !
Après tout, un médecin est un homme et, certes,
il vous arrivera de le retrouver dans la vie, de
causer avec lui, de dîner avec lui... Alors, si vous
l'honorez de certaines confidences, comment ne le
considéreriez-vous pas non seulement comme un
homme quelconque, mais comme un ami intime?
Et, en effet, il y a des femmes logiques qui
trouvent là un lien très particulier.

. . . .

Je ne dis pas que vous faites mal (nous ne parlons pas morale, mais esthétique). Je pense seulement que toute femme qui se respecte et qui a
le noble souci de plaire devrait ne pas effeuiller
son charme, même physique. Par indifférence,
par esprit utilitaire, par mysticisme même,

1. IX, 308.

certaines s'imaginent être femmes dans tel cas
et pas dans tel autre ; elles pensent que le
charme est un vêtement qui s'ôte et qu'on remet
en sortant... Oui, on l'ôte, mais on ne le remet
pas. Les sermonnaires de toutes les époques ont
tonné contre le décolletage ; pourtant, un grain
de coquetterie sert peut-être à soutenir l'espèce
humaine, tandis que certaines grossièretés, même
scientifiques, la diminuent.

Vous répondrez : « Que faire ? Croyez-vous que
ce soit un plaisir ? On se résigne... »

Vous ne vous résignez que par préjugé. Vous
vous êtes laissé dire que les femmes n'étaient
bonnes à rien, et vous le croyez de plus en plus.
Même dans les cas traditionnels, vous estimez
maintenant que les femmes sont incapables d'exercer la médecine, qu'il faut être dans la misère
pour recourir à leurs soins, que cela n'est pas
élégant, tandis qu'on sait à merveille qu'elles
peuvent apporter, dans l'étude de la médecine, des
qualités très brillantes, et qu'en pratique elles ont
des dons très particuliers d'attention, de douceur,
d'adresse, de mémoire. En Russie, en Allemagne
même, on leur fait à cet égard une place de plus
en plus large. En France, comme en Turquie, on
suit la marche inverse; bien des femmes du monde
poussent la naïveté jusqu'à croire qu'un homme
seul possède la science universelle, fût-ce celle de
diriger un jet de douche ou de verser une pomme

d'arrosoir. Il faut dire à cet égard la vérité, même aux jeunes filles; car les jeunes filles mêmes sont intéressées maintenant à ces questions pratiques!

Depuis quelques années, des lois sont venues chez nous resserrer et protéger encore le monopole des médecins. Le moindre Esculape de village incarne actuellement « la science » et la monopolise, ce qui est peut-être beaucoup dire. La science vit de liberté : personne, en effet, ne parle plus de liberté que la plupart des médecins, et, cependant, leur science est la seule qui en soit privée. Nous pouvons faire tout ce que nous voulons, sauf fabriquer des allumettes ou mettre un cataplasme sur un bobo. Nous avons exécuté mille révolutions ; mais, sur le terrain sacré de la physiologie (fussions-nous Claude Bernard ou Pasteur[1]), il nous est défendu de rien savoir. Le monopole ne pardonne pas. Il n'invoque pas seulement la raison, il invoque les convenances. « Conçoit-on un homme sans diplôme? Conçoit-on une femme diplômée? Vraiment, serait-il décent à une femme de soigner un homme? la voit-on courbée sur un livre de médecine... assistant à une dissection... mêlée aux carabins...? » Introduire les « carabins » chez soi, à la bonne heure! Les choses continueront ainsi, avec une héroïque simplicité : les

1. Claude Bernard et Pasteur, n'étant pas médecins, n'auraient pas pu exercer.

femmes qui se croient les plus intelligentes continueront à soutenir que les femmes ne sont bonnes
à rien, qu'à mourir de faim, si elles prétendent
travailler; les usages actuels n'ont rien de scandaleux, et les observations qui précèdent paraîtront
ridicules, et même pis, déplacées.

∗
∗ ∗

Au point de vue purement artistique, savoir
rougir est pourtant un des dons physiques les plus
exquis et les plus dignes d'égards. Les vieillards
ne rougissent plus ; les très jeunes enfants,
les idiots, les animaux ne savent pas rougir ;
mais il paraît que quelques peuplades encore délicatement sauvages conservent étonnamment cette
faculté. La rougeur est une fleur de vie, une
marque de vitalité et de jeunesse. Elle indique une
grande sensibilité cérébrale, servie par une parfaite
sensibilité de la peau. Par une sorte d'instinct
de défense individuelle, à la plus légère attaque,
devant un mot ou un simple coup d'œil, une poussée de force s'élève : je dis de force, et non d'émotion : le cœur ne bat pas plus vite ; mais un signal
cérébral fait charrier à la peau tout le sang dis-
ponible, et ainsi, par suite de la congestion des
petits vaisseaux, un éclat extraordinaire se répand
sur le visage, jusqu'aux oreilles, jusqu'à la racine

des cheveux, jusqu'au cou, parfois jusqu'au haut
de la poitrine. Darwin a vu rougir le dos d'une
jeune fille; il prétend que, dans certains cas, le
corps entier peut rougir. On dirait que l'esprit
tend un voile devant le corps, pour affirmer son
droit de passer premier. La peur, la résignation
se traduisent autrement : généralement, par la recherche de l'obscurité. L'enfant se cache le visage
dans les jupes de sa mère; l'autruche se met la
tête sous l'aile et, dans ce sens, on a pu dire que
« la nuit n'a pas de honte »; pour quelques personnes, la nuit, l'obscurité, ou au moins la précaution
de fermer les yeux, modifient du tout au tout l'impression. Mais, je le répète, ceci est de l'abandon.

*
* *

« Ah! si je pouvais redevenir jeune fille une
heure ! » s'écriait une femme dans un moment de
folle passion. Cette passion n'était pas si folle, elle
voyait clair ! Aucun art, si raffiné qu'il soit, ne
vaudra jamais la franchise, la verdeur, la fraîcheur
des grâces premières de la pudeur...
Au moins, les femmes peuvent conserver une
certaine réserve de conduite : par exemple, la
pudeur des paroles, des spectacles... On ne leur
demande certes pas de chasser un chien de leur
cabinet de toilette, comme Mme de Staël; mais le

tact plein d'onction avec lequel une personne, même âgée, sait relever et légèrement brider les conversations, est un reste de pudeur, qui a encore un charme assez doux, et qui nous rapproche insensiblement de cette femme.

CHAPITRE VII

LA HAUTE CROIX

> C'est se tromper que de croire qu'on se donne ce qu'on refuse aux autres ; c'est mal s'aimer que de se trop aimer. Si vous voulez être heureux tout seul, vous ne le serez jamais ; tout le monde vous disputera votre bonheur ; si vous faites que tout le monde soit heureux avec vous, tout le monde travaillera à votre bonheur.
>
> (Mme DE LAMBERT.)

Une fois devenues l'objet d'un culte sentimental, les femmes n'ont plus qu'à être mères.

Leur vie, entourée de charme et de respect, serait un leurre si elles se croyaient des idoles, si elles travaillaient pour elles-mêmes. Elles ne sont qu'un instrument de vie, un moyen, non un but : voilà leur grandeur et leur servitude.

Et pour nous aussi il y a servitude à subir l'action d'une femme, et cette servitude serait misérable si nous n'avions que la femme seule pour objet. La grandeur est de nous compléter. L'union de la femme et de l'homme complète l'existence morale comme la physique. Une femme ne devient femme que par son union intellectuelle avec un homme. L'homme aussi a besoin d'une femme, et la suggestion ou le charme qu'il subit à ce propos ne représente, en réalité, que la transformation et l'extension de sa raison. Il ne peut donc pas se croire diminué.

S'il se défendait de ce charme, ce serait sûrement pour en subir quelque autre moins naturel ou moins nécessaire, depuis l'ambition jusqu'à ces mille petites suggestions dont nous vivons : roman, théâtre, journal, éloquence, réclames...

La maternité est l'acte par lequel la femme, se sacrifiant, cesse d'être le but et devient un moyen ; l'acte qui, du charme ou de la suggestion, tire une réalité vivante.

A la suggestion physique répond la maternité physiologique, acte glorieux, mais essentiellement limité, puisqu'il est matériel. Le charme moral doit aboutir de même à une maternité morale ; mais celle-ci est plus noble et plus large, et quand les deux maternités se trouvent unies par l'état de mariage, la différence saute aux yeux ; on ne compterait pas pour beaucoup une mère de famille qui, tout entière aux soins physiques, ne se préoccuperait aucunement de l'action morale à exercer sur ses enfants. Au contraire, plus on va, plus le lien matériel entre cette mère et son enfant doit se distendre. Allaiter, ce n'est déjà plus qu'un acte secondaire ; donner de la bouillie, ce n'est plus allaiter, et ainsi de suite jusqu'au jour où l'enfant peut se

passer d'elle. Mais à mesure que décroît le lien
de maternité physique, le lien de maternité
morale ne doit que s'accroître et se renforcer. Le
jour où votre fils sera devenu vaillant, brillant,
estimé, est-ce que vous ne vous sentirez pas plus
que jamais sa mère, plus et autrement que quand
vous lui donniez à téter ?

La maternité morale reste indépendante de la
maternité physiologique en ce sens qu'elle
s'exerce à merveille en dehors des conditions
physiques; l'âge en accroît la puissance au lieu
de la diminuer, et ni le veuvage ni le célibat n'en
dispensent.

Comment décrire l'acte de maternité morale?
Il consiste à recevoir les connaissances d'un
homme et à leur donner la vie du sentiment, ou
même à provoquer chez cet homme les émotions, pour en faire jaillir une idée et se l'assimiler.

De plus, l'émotion virile a besoin d'être re-
nouvelée, entretenue, alimentée, aménagée, en
quelque sorte, par des contacts, des souvenirs, des
espérances... De même qu'une terre bien cultivée
centuple son rendement, que plus un pays se civi-
lise, plus le réseau de ses communications se sen-
sibilise et s'active, que plus la monnaie circule,
plus elle produit; de même, chez l'homme cultivé,
civilisé, monnayé par une femme, les émotions se
développent et se lient les unes aux autres. Où

10

l'une a passé, l'autre passera plus facilement. Mais, si on les laisse se rompre, elles forment un poids mort, elles encombrent la vie au lieu de l'aiguillonner.

Il y a des émotions actives et des émotions déprimantes, ou même avortées (par exemple, la résignation). Toutes ont leur rôle, parce que, pour produire quelque chose, la vie a besoin d'une activité renforcée, condensée, immédiate, que doit suivre, pour la contre-balancer, une dépression équivalente.

De sorte que, tandis qu'un homme vraiment homme, semblable à nos solides cuirassés, se répand en grandes projections électriques, la femme, au contraire, reçoit l'émotion, l'emmagasine, la transforme, lui donne les éléments de vie qui lui manquent. A un amour qui serait un peu sensuel, elle mêlera l'amour de l'au-delà ; à l'amour du péril, l'amour des choses hautes...

Et ainsi, cet art des femmes, qui apparaît d'abord comme tout fait de paix et de jouissance, aboutit à une fonction profonde d'abnégation, de bonté. Il comporte des jouissances, mais au prix de quel don absolu de soi-même ! Cette œuvre de rédemption humaine, qui consiste à prendre et à porter en soi le dépôt des émotions joyeuses ou douloureuses d'autrui, semble, en réalité, une sorte de crucifiement.

En pensant à tout ce qu'elle comporte, on croit

voir, en haut d'une montagne très rocheuse, quelque gigantesque croix. La hampe est faite du bois rude de l'esprit viril ; la chair vive de la femme s'y étale ; il n'y a plus qu'à écrire en haut que voilà notre reine, et à percer le cœur de cette reine. Alors on peut dire que ce que femme veut, Dieu le veut.

Je comprends que des femmes puissent désirer plutôt vivre pour elles-mêmes, et que la hardiesse d'un tel sacrifice les effraie. Mais elles ne réussiront jamais à s'y soustraire ; il faut qu'elles s'y soumettent : si elles fuyaient, elles rencontreraient le Seigneur ... « Seigneur, où allez-vous ?... *Quo vadis ?...* » Et le Seigneur répondrait : « A la place que vous laissez ! »

C'est la loi, et on ne peut que leur recommander la lecture de l'apologue de Jonas, si bien narré par Tolstoï :

« Jonas, le prophète, pour rester juste et vertueux, s'éloigne des hommes pervers. Mais Dieu lui signifie qu'en sa qualité de prophète il doit communiquer aux hommes égarés sa connaissance de la vérité. C'est pourquoi il doit non pas fuir ces hommes, mais vivre en communion avec eux. Jonas est dégoûté de la dépravation des habitants de Ninive, et les fuit. Mais Jonas a beau fuir sa vocation, Dieu le ramène, par l'entremise de la baleine, chez les Ninivites, et la volonté de Dieu s'accomplit, c'est-à-dire que les Ninivites reçoivent

par Jonas la loi de Dieu, et leur vie s'améliore.
Non seulement Jonas ne se réjouit pas d'être l'instrument de la volonté de Dieu, mais il boude, il
jalouse Dieu à l'égal des Ninivites; il aurait voulu
être seul raisonnable et bon. Il s'éloigne dans le
désert, s'apitoie sur son sort et adresse des reproches
à Dieu. Et alors Jonas voit pousser, en une nuit,
une plante de citrouille qui le garantit du soleil,
et, la nuit suivante, un ver ronge cette plante. Jonas
adresse des reproches encore plus amers à Dieu,
parce que la citrouille qui lui était si chère a péri ;
alors Dieu lui dit : « Tu regrettes la citrouille que tu
appelles tienne; elle a poussé et péri en une nuit,
et moi n'aurais-je pas pitié d'un immense peuple
qui périssait en vivant comme les bêtes, sans savoir
distinguer sa droite de sa gauche ? Ta connaissance
de la vérité n'était nécessaire que pour que tu la
transmettes à ceux qui ne la possédaient pas[1]. »

1. Tolstoï, *Ma Religion*.

TROISIÈME PARTIE

LA FLEUR DE LA VIE

CHAPITRE I

QUE LES FEMMES DOIVENT APPRENDRE LEUR ART

> On pourrait résumer le rôle des femmes en deux choses : consoler ce qui souffre, aider tout ce qui promet. Elles pourraient dès la jeunesse apprendre, sinon à encourager, du moins à ne pas éteindre.
>
> (M**..., lettre particulière.)

La maternité intellectuelle doit avoir pour effet, d'abord, de créer d'autres femmes. Quelques personnes sont encore portées à croire qu'une femme peut s'improviser, et que sa mission ne comporte pas de préparation ; d'autres pensent qu'il suffit de donner à une jeune fille une institutrice convenable. En fait, une femme ne peut se former qu'en vivant près d'une autre femme qui soit sa mère ou qui la devienne.

Cela est tellement dans l'ordre des choses que des deux côtés on y trouve son compte. Saint Paul dit, quelque part, que les femmes se sauvent par leurs enfants ; elles se forment par eux dans tous les cas. Pour la mère comme pour la fille, l'éducation est une miniature de l'art de la vie, et quand une Mme Necker, une Mme Roland, une Mme Necker de Saussure veut bien nous raconter dans ses lettres les premiers pas de sa fille, les peurs, les finesses, les joujoux... il n'y a pas de roman plus délicieux. Mme d'Épinay, si mondaine qu'elle fût, met l'éducation de sa fille au premier rang dans cette espèce d'herbier de sa vie qu'elle a publié sous le titre : *Mes moments heureux.*

Le programme est simple. Il consiste essentiellement à respecter la liberté des jeunes filles ; oui, à les mettre « au large » sans entreprendre de les refaire, et simplement à les placer dans un bon milieu, favorable à un sain développement ; la meilleure éducation, c'est de les rendre bonnes et heureuses. Les femmes (quoi qu'on dise) ont autant besoin que les hommes, et même plus, de droiture, d'un sentiment propre de responsabilité, bref de ce qu'on appelle « le caractère » ; on les élève parfois dans un sens restrictif, passif, parce qu'on se figure assurer la paix des ménages ou même la vertu en produisant des femmes résignées ou, tout au moins, insignifiantes. Mais alors il ne faudrait pas se plaindre de leur insignifiance, et, en effet, on ne peut rien demander aux femmes si on ne leur a appris à marcher qu'avec des béquilles[1].

Déjà au xviie siècle, une étrangère, la princesse Palatine, accusait durement l'éducation française

1. Suivant la jolie expression de Fénelon.

de ne faire « que des coquettes ou des bigotes ».
En tous cas, Mme de Maintenon (qui n'était ni révo-
lutionnaire ni même Américaine) tenait à ce que
les enfants de Saint-Cyr vécussent « à ciel ouvert »,
et elle les laissait aller dans le village, voir des
pauvres, des malades, en un mot faire un apprentissage de la vie.

Est-ce trop que de proposer ce système-là, au
lieu de celui qui consisterait à élever tous les
enfants sous la même cloche?

Voulez-vous faire des femmes vaillantes? une
sorte de cavalerie légère de la vie? montrez-leur
de bonne heure la vie. Croyez-vous que, si les
garçons étaient élevés avec des poupées et des
contes de nourrice, ils n'auraient pas, eux aussi,
bien des petitesses, des dissimulations, des pusil-
lanimités? Franchise, simplicité, silence, amour du
travail, modestie, calme, patience, tranquillité du
jugement: voilà les vertus fondamentales de l'éducation féminine. Il faut souffrir un langage simple,
une conduite primesautière (fût-ce avec un peu de
pétulance), une âme et un corps sans cadenas (je
continue à m'abriter sous l'autorité de quantité de
femmes éminentes, notamment de Mme de Maintenon) : du grand air, de l'exercice, du mouvement,
des costumes larges, des lits durs, de l'e⸱⸱   ⸱⸱⸱e
en toute saison! Et, de plus, sauver l'es⸱⸱   ⸱⸱ ⸱⸱⸱.-
tiative! La routine est le grand ennemi, parce que
la paresse et la faiblesse s'en accommodent à mer-

veille. L'habitude est certainement une bonne
chose ; un nerf qui a déjà conduit une sensation
la reconnaît et la conduit mieux. Mais, au point
de vue intellectuel, il ne faut pas en abuser.

On ne fait rien avec rien : la volubilité des
petites filles, leur profusion de mouvements, la
vivacité, la passion, sont des matériaux un peu
exubérants. Le temps, ce grand maître, saura les
réduire; n'y touchons pas trop, et surtout gardons-
nous d'affaiblir une corde quelconque d'enthousiasme. On ne saurait accumuler une trop belle
provision de jeunesse et de fraîcheur.

Ne craignons pas non plus de parler du cœur,
et de l'honorer, et d'avouer qu'il gouverne les
femmes, puisque c'est la vérité; il suffit de mettre
en regard la raison et, si on craint trop d'envolées, de faire franchement le compte de l'existence.

Apprendre un peu de cuisine, un peu de droit
(avec l'horreur de la chicane et la défiance des
tribunaux), des notions d'hygiène, de botanique,
même de médecine féminine ou infantile, voilà
qui complète bien la poésie et l'idéal. « Vous
voulez donc élever des pharmaciennes ? » nous
dira-t-on. Eh! mon Dieu, pourquoi pas si, par
quelques connaissances de ce genre, une femme
peut diminuer les rudesses de sa vie particulière
ou, tout au moins, multiplier sa charité. On serait
bien étonné si nous essayions de dresser ici une

liste des grandes « pharmaciennes » du passé !
Anne de Beaujeu, Diane de Poitiers, Mme Necker,
mille autres ! En Amérique, la biologie joue encore
un rôle important dans l'éducation des femmes,
et on voit d'admirables femmes s'enrôler au service des malades. Je citerai encore Mme de Maintenon pour dire que, dans le même ordre d'idées,
elle confiait aux plus âgées de ses élèves le soin
des petites et diverses occupations de ménage.

On sent bien, du reste, que nous ne voudrions
pas pousser les femmes à l'étude des sciences
exactes : ce n'est pas leur domaine, même à titre
élémentaire, et il y aurait tout autant d'inconvénients à noyer leur sensibilité sous un flot de
connaissances dites techniques qu'il y en a à y
perdre l'intelligence des jeunes gens. Nous ne
parlons que de notions absolument pratiques,
utiles, d'application certaine, et qui, en même
temps, serviront de solide contrepoids aux facultés
d'enthousiasme.

Tout ce que nous avons dit aussi de l'utilité du
milieu esthétique s'applique essentiellement à
l'éducation des jeunes filles. Il faut, avant tout,
veiller à la beauté des objets qui les entourent ou
qui leur servent, leur apprendre à voir partout le
côté beau ; les faire voyager, leur enseigner l'histoire dans le même sens, c'est-à-dire ne pas se
borner à les mener dans tel hôtel ou à rabâcher
des dates et des nomenclatures, mais les promener

dans les parterres de la nature ou des idées : car, au fond, la meilleure philosophie, en pareil cas, est une philosophie de voyage ou d'histoire ; c'est par là qu'on apprend à comparer, à juger.

Allez à la mer ; l'eau est si belle et bonne conseillère ! l'Évangile en fait constamment usage, ne fût-ce qu'en choisissant ses premiers adeptes parmi les pêcheurs. Allez voir une belle église, un beau palais, une galerie ; ce sont les joies de l'esprit humain ; l'on y vit au milieu de tout ce que le passé et le présent produisent de noble, au milieu de choses éternellement belles... Ce qu'il y a de moins urgent à voir, c'est l'homme qui passe.

Des jeunes filles intelligentes peuvent s'élever de cette philosophie expérimentale de l'esthétisme jusqu'aux théories esthétiques ou psychologiques.

La théologie est rigide. Mais une religion pratique, telle que le catéchisme la formule, et une inspiration religieuse robuste, nourrie par la lecture directe des Saints Livres, forment la pierre angulaire de toute éducation féminine. Les femmes ne seraient rien, n'auraient aucun rôle ni aucune mission sans une foi spiritualiste. L'art de la vie consiste précisément à nous relever de la matière ! Elles ne s'armeront jamais trop de la foi chrétienne, qui est leur palladium, jamais elles ne se mettront trop en état de la défendre. Est-ce à dire qu'elles doivent se façonner à toute sorte de mièvreries ? Leurs amis les moins suspects, Vivès, Mme de

Maintenon, Fénelon, répondent que non; on leur demande justement le contraire.

Vers seize ou dix-sept ans, pour les filles comme pour les garçons, l'éducation proprement dite s'achève. Et alors, pendant que les frères vont aborder des études spéciales, que vont faire les sœurs?

Viser au mariage!... c'est, la plupart du temps, question d'amour-propre (et pourtant, je ne vois rien de plus déshonorant pour une femme que pour un homme à se marier tard ou même à ne pas se marier du tout); mais enfin, tout, actes, gestes, paroles, pensées, tout converge à l'idée fixe : « se marier ».

Alors, faut-il se préparer au mariage comme à une association de deux personnes égales, quoique différentes, ou comme à un assujettissement? Avec nos mœurs actuelles, le second système a perdu un peu de terrain; autrefois, il paraissait un dogme.

On élevait donc la jeune fille solitaire, « sauvage », selon l'expression de saint Thomas d'Aquin, et, à douze ans, elle recevait de la main de ses parents un seigneur et maître. Un artiste, libéral, du xvᵉ siècle, Filarète, qui s'est amusé à écrire un livre (encore manuscrit) sur la symbolique des choses, est d'avis d'habiller les jeunes filles de vert, de ne les laisser sortir que pour aller à la messe, de leur apprendre un peu de musique et de

danse et de leur faire une dot le plus tôt possible[1].

Ces idées simplifiantes ont toujours des adeptes.
Quelques philosophes allemands, notamment,
persuadés de l'inanité de la culture, même esthétique, chez les femmes, professent assez volontiers
qu'il n'y a pas à s'en occuper.

Mais, en France, la tradition donne aux femmes
la place d'honneur, et en réalité, dans le peuple, ou
même ailleurs, elles sont souvent mieux élevées
que leur mari ; dans le monde, elles possèdent
assez généralement la fortune du ménage ; la
liberté qui résulte de cette situation et de nos
mœurs représente même, pour beaucoup de jeunes
personnes, le principal appât du mariage.

Eh bien! avec ce programme de liberté et cette
possibilité de jouer un rôle, mieux vaut mille fois
que les femmes se marient un peu tard, et entrent
en ménage avec leur pleine maturité d'esprit. Cela
leur permettra ainsi de continuer quelques hautes
études, sans perdre de vue le moins du monde
« celui » qu'elles attendent; et si j'hésite à prononcer, comme le cardinal Bembo, que le latin
ajoute à leurs charmes, je ne puis croire cependant que les belles clartés de la pensée, si nobles
sur le visage de quelques hommes, déparent un
visage de jeune fille.

1. Ms. de la Magliabecchiana, à Florence.

Comme études supérieures, l'histoire, même un peu savante, conviendrait très bien alors, ne fût-ce que pour tenir en bride l'imagination. C'est ce que remarquait déjà Fénelon, à une époque où le théâtre donnait *le Cid*, et où les romans étaient de Mlle de Scudéry. De même, on pourrait pousser un peu plus loin les études de psychologie et de morale, car enfin, jusqu'à ce que nous revenions à la barbarie, la réflexion morale devra tenir quelque place...

Seulement, à l'inverse des hommes, ces questions sérieuses sont un luxe pour les femmes, et ce sont les questions soi-disant de luxe qui sont graves pour elles. En somme, elles feront bien surtout de développer leur éducation esthétique sous toutes les formes ; par exemple, d'avoir une petite bibliothèque très peu nombreuse, composée de ces rares et beaux livres dont il suffit de lire un passage pour embaumer sa journée : le Nouveau Testament, l'*Imitation*, Racine, Lamartine, Corneille, *la Guerre et la Paix* de Tolstoï, certains fragments des *Paroles d'un croyant* de Lamennais, etc.

Et n'est-ce pas aussi le moment de développer l'art de causer? On rira de cette recommandation : apprendre à des jeunes filles à bavarder !... Eh ! mon Dieu, c'est ce qu'on faisait à Saint-Cyr, où Mme de Maintenon venait elle-même diriger les séances de conversation. C'est ce qu'on recom-

mandait de faire autrefois sous toutes les formes,
même pour parler aux domestiques. Cet exercice
paraissait d'abord un apprentissage du savoir-vivre,
puis un paratonnerre contre la maussaderie et
contre l'ennui, qui semblait un véritable vice. Et,
enfin, quelque bizarre que cela paraisse, on pen-
sait qu'apprendre à parler apprend à se taire : voulez-vous éviter le bavardage, parlez; sachez causer, et vous saurez, au besoin, passer une journée, seule et sans parler.

L'apprentissage de la conversation comportait,
en outre, d'autres arts, dont il est la synthèse et le
couronnement. La conversation seule habitue une
femme à savoir ce que valent les hommes, ce qu'il
faut leur administrer, comment on les mène sérieusement; c'est elle qui fait apercevoir autre chose
qu'une raie bien faite ou des convictions de circonstance. Et même elle relève singulièrement
la personne qui parle, car il n'y a rien de tel pour
se persuader une chose que de la persuader aux
autres.

Enfin, faut-il se préoccuper de développer et
corriger aussi chez les jeunes filles la faculté d'aimer? Certes oui. Pourquoi la sensibilité ne dé-
ploierait-elle pas ses larges ailes ? Ah ! nous aurions
bien moins de neurasthénies et de vies éteintes
si l'on songeait à ce mot admirable de Balzac :
« Pour ces créatures de feu, vivre c'est sentir. Du
moment où elles n'éprouvent rien, elles sont

mortes. » Oui, je leur prêcherais avec discernement la passion, ce qui ne veut pas dire des romans ou des caprices... C'est l'heure, si on le veut bien, des belles passions.

Quand une jeune fille a une mère et s'est habituée à sentir avec elle, quand la mère n'a pas craint de partager les joies, les espérances, les douleurs de sa fille depuis le jour où une poupée s'est cassée, il y a là un admirable noviciat, un foyer de sentiments partagés, qui est une des plus belles passions du monde.

Une passion de ce genre se traduit vite chez la jeune fille par un tour de politesse simple et ouverte, par un rayonnement tranquille et une gaîté qui anime tout, et, en lisant dans ce cœur limpide, la mère aussi apprend à lire dans son propre cœur et à y découvrir des fibres cachées.

Les arts d'agrément, les jeux, les exercices au grand air sont tout à fait de saison pendant cette période de la vie, qui doit être une période de belle humeur.

Les médecins[1] voudraient qu'on revînt aux belles danses eurythmiques en plein air, si en honneur dans l'antiquité et à l'époque de la Renaissance, et dont certaines rondes bretonnes conservent encore un vague reflet. Je ne sais trop si leur vœu sera entendu.

---

1. Dr M. de Fleury.

Vous les connaissez, ces danses, décrites dans tant de bas-reliefs, de tableaux ou de tapisseries, chantées par des poètes, célébrées sous toutes les formes. Elles ne semblent imaginées que pour étendre et détendre les nerfs. Des jeunes filles, des jeunes gens se tiennent par la main, calmes, modestes, sans la moindre trace de surexcitation physique ou morale. Sur un gazon frais, à l'air tiède, parmi les senteurs des pins et des rosiers, sous les haleines de la nature, des guirlandes de fleurs à la main, les danseurs suivent, en chantant, et par tous leurs mouvements physiques, un rythme doux, très doux. De temps à autre, l'orchestre coupe la mélodie par une chanson à la française ou à l'italienne[1]. Par cet exercice gracieux, on recherchait et on obtenait l'épanouissement de la beauté humaine, à la façon des roses ; on n'agissait, il est vrai, que par sensations, et de toutes, les conversations humaines, c'est la moindre ; mais il est impossible d'élever davantage la danse, d'y mettre plus de charme et de douceur. Cela pouvait certes s'appeler encore de l'art, et j'ignore si certaines bousculades un peu bruyantes de certains salons trop étroits mériteraient tout à fait le même nom.

1. Mémoire de Filarète, chap. xvi vers la fin.

CHAPITRE II

LA VIE DE MARIAGE

> Par le péché, l'homme a perdu le bon-
> heur, mais non le moyen de le retrouver.
> Dieu essuiera toutes les larmes de ses
> saints.
>
> (Saint Augustin.)

La seconde maternité, la plus importante et la plus difficile, la voici : Une femme doit être la mère de son mari, puis de ses fils.

On va se récrier: « Comme nous sommes loin de là, quel paradoxe! » Non pas, certes. Pour les fils, rien de plus clair : déjà, chez les animaux, l'amour maternel est de qualité supérieure à l'amour paternel, et, chez les humains, la maternité est le lien palpable et irrécusable de la famille. Mais, même en ce qui concerne le mari, pour peu qu'on veuille bien s'arrêter un instant devant cette grande question du mariage, toujours si agitée, en laissant de côté les égoïsmes et les passions basses, en fermant les oreilles au déluge des thèses à effet, on ne contestera pas, je crois, qu'un homme n'existe complètement qu'à partir du moment où une femme

s'ajoute à lui avec le sérieux, la suite et l'honnêteté
morale que comporte le mariage.

Vous allez me dire : « En quoi la femme peut-elle
« honorer à ce point le mariage ? L'état de mariage
« repose sur un fait physique, universel, qui n'a
« rien de très noble en soi, et qui, à vrai dire, ne
« nécessite ni intelligence ni sensibilité. L'oiseau
« de proie lui-même a un nid, le tigre aime. Il n'y
« a point de moineaux fonctionnaires ou députés,
« mais le dernier des moineaux se marie, au moins
« provisoirement. Nous faisons de même; seule-
« ment, nous ajoutons l'idée raisonnable et décente
« d'une association d'intérêts. Le mariage repré-
« sente le couronnement de la vie matérielle;
« grâce à Dieu, il y entre une bonne dose de
« matérialités élevées, de raison, de calcul, d'inté-
« rêt. On n'épouse pas seulement « l'homme »; si,
« tel qu'il est, mon mari (que j'aime) n'avait ni
« sa fortune, ni son esprit, ou mille choses
« ambiantes, je n'aurais pas dit oui. Dans un
« mariage sérieux, on pèse les qualités morales,
« l'intelligence, le caractère plus que l'amour !
« C'est une maçonnerie solide, qui plonge jusqu'au
« tuf de l'utile, du vrai, du moral, et réellement il
« serait peu judicieux, peut-être peu tentant, de
« commencer par un entraînement tout phy-
« sique. Du reste, les femmes ne sont pas si
« sensuelles ni même si sentimentales qu'on veut
« bien se les figurer; la plupart du temps, elles

« agissent par un calcul d'intérêt ou de vanité, et
« celle qui n'aurait ni intérêt ni vanité n'aimerait
« jamais personne... Quant aux hommes, ils ne se
« marient pas non plus comme des collégiens. Si
« on estime son mari, c'est qu'il n'a pas épousé
« seulement une jolie femme, un joujou rare, un
« bibelot d'un quart d'heure : le quart d'heure doit
« durer la vie entière, et la femme également. »

Il est de fait que la dignité du foyer se réfléchit
au plus haut degré sur l'existence d'un homme.
C'est ici qu'opère tout particulièrement la loi du
milieu. Les femmes sont souvent les caissières,
les administrateurs du ménage ; et de là vient
l'esprit français d'économie.

Aussi le mariage tend de plus en plus à devenir un contrat. On a abandonné l'exquis système
des fiançailles, qui embaumaient si merveilleusement les réalités. On préfère, sitôt une décision
prise, la mener tambour battant : tout le monde a
hâte que « ce soit fini », car une affaire ne vaut
que par l'exécution, et encore !...

On se marie donc par raison, et on fait bien ;
mais l'exagération de ce système, c'est qu'on ne
se marie pas, ou, du moins, aussi peu que possible.

Car enfin, si le mariage est purement et simplement une chose utile, on comprend qu'un homme
pauvre se laisse tenter, lorsqu'il trouve le prix auquel il s'estime, mais qu'un homme riche ne se presse
pas : le mariage, la paternité ont leurs charges ; ce

n'est pas d'aujourd'hui que les Épicuriens trouvent
même que tout amour apporte un trouble dans
la vie, qu'on agirait sagement de s'en passer!

Il y a aussi, dans un sens tout différent, des
hommes d'élite qui vivent d'idées, de travail
intellectuel, d'idéal, et ceux-là, n'étant point tou-
chés par l'intérêt, redoutent le lien du mariage
comme trop matériel. D'âge en âge, les mystiques
se sont ainsi transmis l'éloge de la virginité, du
célibat. C'est une éternelle paraphrase du célèbre
axiome de saint Paul : « Mariez-vous, vous ferez
bien ; ne vous mariez pas, vous ferez mieux. »

« Je loue le mariage, parce qu'il engendre des
vierges, disait saint Jérôme ; je tire une perle
d'une huître. »

« Rien n'abaisse un homme comme les caresses
d'une femme », disait saint Augustin.

« Les vices peuplent la terre, la virginité peuple
le ciel », écrivait saint Thomas d'Aquin.

De nos jours, le P. Lacordaire, qui avait pourtant le cœur bien tendre et bien ardent, s'est fait
l'avocat des hommes qui trouvent le mariage au-
dessous d'eux.

« A peine homme, avant même qu'il le soit,
l'enfant de la plus aimable mère aspire à se séparer d'elle... Du moins trouvera-t-il cette liberté
de choix qui est une des conditions de l'amour?
Il s'en faut bien. Mille circonstances impérieuses
désignent à l'homme la compagne de sa vie... et,

victime couronnée de roses amères, il s'avance à
l'autel pour tout promettre et pour donner bien
peu... L'amour conjugal, le plus fort de tous pendant qu'il subsiste, a cependant une infirmité qui
vient de son ardeur même : les sens n'y sont point
étrangers... »

Le P. Lacordaire a été bien plus loin ; il a écrit
ceci : « Il y a des mères qui aiment leurs fils, il
y a des époux qui aiment leurs épouses ; ce sont
des liens imparfaits, mais ils existent. »

Et, cependant, c'était un sentimental ; il ne rêvait
que d'une vie faite de sentiment ; mais il voyait
le mariage arrêté au cran fixe de l'intérêt et de la
raison, tel que nous le concevons aujourd'hui.

Bien que cet éloge de la virginité réponde peu
à l'état d'âme courant, beaucoup de femmes le
comprendront. L'assujettissement physique n'est
pas toujours ce qui les tente ; à ce propos,
saint Augustin dit un peu durement que les
femmes sont « les servantes » de leur mari, et,
pendant des siècles, dans le même ordre d'idées,
on a assailli de quolibets, de lazzis, une veuve
qui éprouvait le besoin se remarier.

Une affection profonde et sérieuse doit se développer et donner au mariage sa portée haute, tout à
fait supérieure. « Une main plus grande que celle de
l'homme passe sans cesse dans la famille », dit
très bien M. Ch. Wagner. Heureuses les femmes qui
achèvent leur vie dans un cantique de jubilation

et de louange! Mais combien aussi, et des plus
distinguées, des plus honnêtes, portent dans l'existence une sorte de malaise innomé!... Cela
tient à ce qu'elles connaissent trop les matérialités. Le mari, lui, ne s'en aperçoit jamais. Il
croit, au contraire, mériter des louanges. Que lui
veut-on de plus?

Ce qu'on veut, réplique un Américain très éminent, le P. Hecker : « L'union des âmes », et pour
un but digne des âmes. L'union des corps? non;
l'union des intérêts? non. Ce serait par trop se
couper les ailes et rétrécir l'horizon! La famille
ne doit point passer seulement pour un lien matériel : c'est l'art d'aimer ensemble les mêmes êtres,
les mêmes choses, les mêmes lieux, l'art de se
souvenir ensemble, de souffrir ensemble, d'espérer
ensemble, de prier ensemble. Le ciment de l'intérêt est bien grossier, bien fragile, susceptible
de se désagréger et de ruiner l'édifice. L'amour
seul fixe tout.

Mais les mystiques disent qu'on n'aimera bien,
on n'aimera en paix que dans le Paradis, où il n'y
aura plus de liens de chair, plus de naissances,
plus de morts, où les femmes seront des anges,
où l'amour ne connaîtra plus le temps[1].

Saint Augustin répond par une théorie que nous
demandons la permission de résumer en quelques

1. Saint Augustin. Cf. saint Luc, XX, 34, 35. Cf. saint Matthieu, XXII, 32 ; — saint Marc, XII, 27.

mots ; car on ne connaît pas assez ces vieux Pères
de l'Église ; il n'y a pas de romanciers plus sug-
gestifs !

Nous avons, dit-il, la notion du bonheur et la
soif du bonheur, parce que nous nous souvenons
d'un paradis perdu, et que nos instincts nous
portent tous à le recouvrer.

Le primitif paradis abritait un homme et
une femme, beaux de corps, de sentiment pur,
ne raisonnant pas, s'aimant, n'ayant d'autres
préoccupations que celles de la beauté et de
l'amour.

Le jour où cet homme et cette femme se sont
(si on peut dire ainsi) mariés, où ils ont passé un
contrat de chair, il ne leur restait plus qu'à mourir, — leur bonheur était fini, — et à donner naissance à d'autres êtres. La naissance fut la rançon
de la mort. Vous reconnaissez là le verset du
Miserere : « Ma mère m'a conçu par le péché. »
Nous naquîmes, et nous fûmes des êtres périssables,
jetés dans la lutte, le travail, la douleur, la maladie.

Et ainsi, douleurs, épreuves, luttes sont passa-
gères ; et notre âme, marquée au sceau du paradis, tend toujours à revenir vers l'état du premier
bonheur : vers l'amour idéal, vers la virginité,
vers la beauté. Le corps a sa part de cette joie ;
il est beau, lui aussi, et il doit être glorifié, pourvu
qu'il reste à l'état de serviteur de l'âme. Il n'y a

pas à faire abstraction de lui, et on ne peut éprou-
ver aucun scrupule à l'utiliser normalement,
pourvu que ce soit dans un noble but. Il n'y a pas
lieu non plus de resserrer son âme, de la mettre
dans un étau et de se croire plus saint parce
qu'on sème d'épines sa vie et, parfois, celle des
autres (car on répond presque toujours du bonheur de quelqu'un).

Il faut donc supporter la lutte, l'épreuve,
comme un inconvénient de la vie, non pas comme
sa substance. Ce qui nous semble actuellement et
uniquement nécessaire, tout cela passera. Nous
sommes nés, en réalité, pour la beauté et pour
l'amour : voilà ce qui ne passera pas. Tout ce qui
nous y élève est un avant-goût du paradis, et
subsistera. C'est le fait divin. Ainsi la main peut et
doit se tendre vers la beauté, les yeux peuvent
s'en repaître, la bouche peut aimer, la beauté
peut être fière d'elle-même, pourvu, toujours, que
l'âme gouverne. Le corps est le parvis de l'amour
et l'âme son sanctuaire. Voilà pourquoi le mariage
nous mène à une vie plus haute. Il faut entrer
dans l'amour. De rares, de très rares natures y
entrent d'emblée, sans passer par aucun lien char-
nel ; mais la plupart suivent le chemin coutu-
mier, elles partent de la chair pour arriver à
l'esprit.

Car le propre de l'amour est de sortir de soi,
de s'oublier en la personne qu'on aime : « Si

vous n'entrez pas en votre bien-aimé, vous n'aimez encore qu'au dehors, vous n'avez rien du perçant de l'amour, vous languissez, vous restez à l'extérieur, vous êtes distrait de celui que vous aimez, et vous n'êtes pas qu'un avec lui», qui sent les Pères de l'Église[1].

L'art consiste donc à tirer du mariage tout le parti possible; et le premier point est de ne pas en abuser[2]. Il y a de bons, d'excellents mariages: aucun d'idéal. Aussi c'est un grand tort de vouloir trop s'appuyer sur la vie, comme le font d'excellentes femmes : il faut une certaine légèreté de main, un peu de coquetterie, savoir se faire désirer, se faire suivre de la pensée, ne pas se prodiguer. Dans ce sens, les occupations sérieuses rendent d'immenses services; bien folles, bien imprévoyantes, les jeunes femmes qui redoutent pour leur mari une carrière, les résidences forcées, les heures de solitude...; qui l'arrêtent au lieu de le pousser, qui le réduisent à une vie de club, de chasse, de cigare, de chevaux, de vide! Elles se trompent biens, si, en agissant ainsi, elles

1. Richard, cité par saint Bonaventure, *Les Sept Chemins de l'éternité.*

2. « Si vous croyez pouvoir être heureux avec votre femme, écrivait Mme de Maintenon à son frère, songez à vous ménager et à ne pas vous en lasser; songez à ne pas la dégoûter par des grossièretés qui font leur effet, et empêchez-la aussi d'en avoir devant vous... Vous avez deux chambres bien commodes pour cela, à Cognac. Laissez dire tout le monde : rien n'est habile que de se rendre heureux, de quelque manière qu'on s'y prenne. » (Geffroy, I, 93.)

croient l'accaparer; elles ne réussissent qu'à
l'annihiler ou à le fatiguer.

La femme a la clef de la vie! qu'elle soit bonne
ménagère, qu'elle distribue à son mari, à ses fils,
l'amour des belles choses, l'enthousiasme, le dévouement et la gloire! on ne l'en aimera que plus.
Qu'elle ménage bien sa personne et son temps;
plus on fait de choses, plus on a de loisir pour en
faire.

Ces idées n'auront certainement pas l'honneur
de plaire à toutes les femmes. Pour quelques-unes,
l'évaporation des manières sert à couvrir le néant
de l'esprit ou une paresse dont elles ne croient pas
pouvoir sortir. Ou bien, idolâtrant leur mari, elles
s'exagèrent ses qualités: en cela, il n'y a que demi-
mal; ou bien elles lui tournent le dos, et, ensuite,
on les entend se plaindre que leur mari « ne les
a pas formées ». Mais pourquoi ne se sont-elles
pas formées elles-mêmes? Elles croient que cela
nécessiterait des études, profondes des recherches,
des pensées : ah! mon Dieu! non, il suffit d'incarner dans la maison l'amour et le dévouement, de
répandre de la gaîté, de la joie, de la douceur,
ce que l'Ecclésiaste appelle « la lumière de la maison », et il n'y a pas une femme qui n'ait assez
d'esprit pour cela.

On s'étonne parfois du culte, presque religieux,
qu'on trouve chez quelques hommes pour les
femmes. Ces hommes-là sont des fils de leur

mère ; évidemment, auprès d'eux, rien n'a jamais remplacé une certaine grâce et une certaine bonté. Car l'opinion que nous avons sur les femmes tient absolument au souvenir individuel que nous conservons d'elles. Si nous les avons avilies et méprisées, nous les jugeons méprisables. Mais, si nous en avons connu de grandes, si surtout nous avons été élevés à leur ombre ou si nous avons vécu dans leur familiarité, nous jugeons la femme grande ! et nécessaire ! Notre Christ, au milieu du monde, disait à sa mère : « Que nous fait, à nous, cette eau et ce vin? *quid tibi et mihi?* » Ah ! la belle parole, sceau de deux âmes fondues en une : *quid tibi et mihi?* « à nous deux ! »

Aucune rhétorique ne vaudra jamais, non plus, les premiers mots de Lamartine, à son discours de réception à l'Académie :

« Mon bonheur ! j'en avais alors !... Toutes ces joies de l'esprit, de la famille, de la patrie étaient doublées pour moi! Elles se réfléchissaient dans un autre cœur. Ce temps n'est plus. Aucun des jours d'une longue vie ne peut rendre à l'homme ce que lui enlève ce jour fatal, où, dans les yeux de ses amis, il lit ce qu'aucune bouche n'oserait lui prononcer : Tu n'as plus de mère ! »

Et, pourtant, nul ne doit compter sur la vie. Tout en se consacrant entièrement au bonheur des siens, une femme aurait tort de faire fonds sur leur vie pour son propre bonheur. Ce mari, ces fils, ces filles,

toutes les misères les guettent. Ils peuvent y suc-
comber ou en être atteints, ou se séparer de
vous, ou vivre au loin... Que deviendriez-vous,
cœur de femme, si vous aviez mis là toute votre
joie ! Quelqu'un a dit cette parole effroyablement
profonde : « Celui qui aime son père et sa mère
plus que moi n'est pas digne de moi. » On crie au
Christ : « Voilà, dehors, votre mère et vos frères
qui cherchent à vous parler. » Et Lui répond :
« Qui est ma mère, et qui sont mes frères? » Et,
étendant la main sur ses disciples : « Voilà ma
mère et mes frères. » En d'autres termes, il nous
dit d'écrémer la vie présente, de ne pas la boire
jusqu'à la dernière goutte. Quelques rares femmes
croient peut-être trop au mariage ; d'autres n'y
croient peut-être pas assez ; il ne faut vivre ni
toujours au dedans ni toujours au dehors. Nous
avons le cœur fait d'un tissu assez noble pour
que toutes les idées grandes et les affections
honnêtes y trouvent place.

Bref, le vrai mariage est une association de
goûts semblables et de caractères opposés. Votre
corps est à votre mari; son âme doit vous appar-
tenir.

Cela me rappelle les fagots qu'on fait dans nos
bois, et où l'on mêle systématiquement du charme
avec du chêne, en glissant au milieu quelques
épines. L'ensemble a bon air et fait du bon
feu.

Mais, si vous vouliez lier des choses discordantes, un homme trop las avec une jeune fille à l'âme trop fraîche, un homme épuisé par le travail avec une femme fanée d'oisiveté, il faudrait un lien de fer.

CHAPITRE III

LES AFFECTIONS NÉCESSAIRES

> Malheur à l'homme seul! Lorsqu'il
> tombe, il n'a personne qui le relève.
>
> (L'ECCLÉSIASTE, IV.)

I

LA FAMILLE

D'autres relations forcées naissent encore de la partie mécanique et physique de la vie; l'art consiste à en tirer ce qu'on pourrait appeler les affections nécessaires, puisqu'elles sont issues d'un fait matériel, d'un acte de raison, et non d'un acte de liberté. Pas de liberté, pas de passion : cependant, ce genre d'affections s'appuie au moins sur des similitudes naturelles de goût, sur un amour présumé pour les mêmes choses.

Tel est l'esprit de famille, aujourd'hui assez rare : il suppose des personnes élevées ensemble ou dans les mêmes idées, avec une communauté d'intérêts ou de tradition. Une famille unie ressemble à l'équipage d'une barque.

Les affections de famille présentent à l'analyse les mêmes éléments mixtes que le mariage. On y trouve un attachement initial de raison, tout différent (ou même inverse) de l'amour proprement dit (les lois interdisent justement d'épouser une belle-sœur, une cousine germaine)... A cet attachement de raison se superpose encore une certaine solidarité d'intérêts matériels, qui peut, à la rigueur, s'étendre, au-delà de la parenté matérielle, jusqu'à une clientèle telle que l'était la *gens* antique.

Aux temps païens de l'esclavage, les serviteurs faisaient partie de la *famille*; leurs cendres se mêlaient à celles de leurs maîtres, dans le *columbarium* familial. Au moyen âge, encore, la « maison » aurait pu prendre place parmi les affections nécessaires; du reste, elle comprenait des personnes respectées et, en réalité, assez peu éloignées du maître, car les princesses elles-mêmes se faisaient gloire de commencer leur vie par servir. Cet état de choses permettait d'ajouter au lien matériel un lien moral souvent plus fort: prendre à son service des personnes d'un milieu choisi, les associer à sa vie, les laisser avoir des enfants, connaître ces enfants, aider à les élever, c'était une tâche qui exigeait, avec une simplicité patriarcale, beaucoup de cœur, de temps et d'argent. Elle n'existe plus. L'État est le seul maître qu'on aime à servir, à condition de le servir sans l'aimer.

L'ouvrier, le domestique sont des électeurs, les
rois du pays, et, par conséquent, plus que nos
égaux, nos maîtres ; et on les prend, on les laisse,
on les garde, on les renvoie. Ils travaillent, ils
volent, ils ne font rien... Le cœur n'existe plus ici :
on l'a mis à la porte.

En revanche, parmi les affections familiales,
je classerais volontiers les affections de nécessité
sociale, par exemple les relations de voisinage,
les relations de carrière ; en se prolongeant, elles
deviennent des relations d'habitude et méritent
ainsi la qualification familiale. Peu à peu, une similitude d'intérêts et de souvenirs, des transactions
de goûts et d'idées, arrivent jusqu'à en tirer les
affections de choix les meilleures et les plus sûres ;
mais, même sans aller jusque-là, après de longues
années d'intimité avec un voisin de campagne, par
exemple, on se sent beaucoup plus son *parent*
que de certains parents du sang. Il se produit une
sorte de phénomène de « famille par le sol », qui
est un élément de l'idée de patrie aussi bien que
l'affection familiale proprement dite.

Je classerai encore ici toutes les relations mixtes,
c'est-à-dire celles qui participent à la fois d'obligation et de liberté, mais où l'obligation reste
dominante : par exemple avec un prêtre, un
médecin, un avocat, un magistrat... Les affections qui en résultent sont de nature très com-
plexe et très variable... Dans cet ordre d'idées,

les hommes traitent entre eux sur un certain pied d'amitié ou d'égalité ; mais les femmes se placent habituellement sur un pied d'infériorité ; elles se font une idée presque superstitieuse de l'homme qu'elles supposent supérieur et utile. Il en résulte que quelques-unes préfèrent avoir affaire à un anonyme, un inconnu, qu'elles ne rencontreront plus, qui restera un point noir dans leur vie, auquel elles ne s'attacheront pas.

Pour d'autres, au contraire, le prêtre ou le médecin, par exemple, est l'ami par excellence et, en réalité, le seul. Elles rougiraient parfois de toute autre amitié ; mais celle-là, les usages l'autorisent, et personne n'en glose.

En pareil cas, la femme, naturellement, n'exerce pas d'influence ; elle la subit ; aussi l'influence sociale des médecins dépasse celle des maris. Tant de maris ont tant de choses à faire, ils sont si pressés ! Ils ne sont pas payés pour prendre soin de leur femme...

II

LA PATRIE

Le mot de patrie touche au vif le cœur de n'importe quelle femme. Mais qu'est-ce que représente ce mot : « une patrie » ? Pour la plupart des hommes, c'est la nation à laquelle ils appartiennent, c'est-à-dire, suivant les doctrines, une race, une langue, une configuration géographique, un syndicat d'intérêts ou une habitude, une tradition.

Certainement, ces éléments matériels contribuent à l'idée de patrie ; mais ils ne suffisent pas à l'expliquer. S'il fallait seulement remplir une de ces conditions, la France serait-elle une patrie ? non. L'Alsace ne parlait pas français. Les bouilleurs de cru et les non-bouilleurs n'auront jamais les mêmes intérêts ; et quoique les petites patries soient les plus faciles à réaliser, on a vu jadis, dans les républiques italiennes, ce que valait l'idée de patrie formée de principes économiques ; les plus raisonnables d'entre elles prenaient un despote étranger pour régir l'État pendant un an ou deux, à coups de sabre.

L'idée de patrie est comme l'idée de famille : basée sur des liens matériels et sur des travaux mécaniques de conservation, elle doit être cimentée par un amour de choix, presque abstrait. La patrie, c'est une communion en l'amour des mêmes choses, ou, comme dit saint Augustin, « l'association d'une multitude raisonnable, unie dans la paisible et commune possession de ce qu'elle aime ». Voilà pourquoi les vrais hommes d'État attachent tant d'importance à l'unité intellectuelle et morale d'un pays. Chez nous, jadis, on définissait la patrie « ung roy, ung Dieu, une loy ». Lorsque au xvi⁰ siècle, sous le masque religieux, la lutte entre le collectivisme et l'individualisme eut commencé à briser la France, tout le monde sentit le besoin de renforcer l'unité civile : catholiques, — protestants, comme Calvin ou Jean de la Taille, — sceptiques, comme Montaigne, réclamèrent l'unité par la force. Mais on a bien vu, depuis lors, que la force ne produit rien de durable et que l'idée de patrie réside dans l'unité d'amour. Le patriotisme consiste à aimer ce qu'on a, et ce n'est pas par l'assujettissement et la centralisation qu'on force au bonheur. L'amour du drapeau incarne maintenan. l'amour de la patrie : il a tous les caractères du vrai amour : idéal, désintéressé, dévoué, plus grand à mesure que les circonstances sont plus mauvaises. Mais il ne faut pas oublier que l'amour du drapeau ne représente rien, sauf l'amour, et c'est pourquoi les femmes y sont tellement sensibles. Castiglione disait de la duchesse d'Urbin : « La duchesse semble une chaîne qui nous tient tous agréablement unis. » Voilà comment les femmes comprennent la patrie : elles aiment la petite patrie parce que clocher, mairie, pont du village, tout cela leur tresse un agréable lien, et la grande patrie non pas par système d'ethnographie ou de régime douanier, mais parce que toutes les Françaises sentent de même.

Pauvres arbres de Paris, perpétuellement
errants, qu'on porte de-ci de-là, quand je vous vois
passer sur nos quais, la tête tremblante, allant
d'une place à l'autre, comme je vous plains!
Ah! vous ne savez pas, vous, ce que c'est qu'une
patrie!

———

CHAPITRE IV

L'AFFECTION SOCIALE

> Les grands se piquent d'ouvrir une
> allée dans une forêt, de soutenir des
> terres par de longues murailles, de dorer
> des plafonds, de faire venir dix pouces
> d'eau, de meubler une orangerie ; mais
> de rendre un cœur content, de combler
> une âme de joye... leur curiosité ne va
> pas jusque-là.
>
> (LA BRUYÈRE.)

L'affection sociale est encore une affection nécessaire. Comme beaucoup d'animaux, l'homme s'as-
socie pour vivre. Ce que ce rapprochement forcé
produit d'aigreurs, personne ne l'ignore ; on a
beau dire qu'en formant une collection d'intérêts
individuels on crée un intérêt général, que trois
imbéciles valent mieux qu'un, qu'une image
d'Épinal tirée à un million d'exemplaires vaut
mieux que l'exemplaire unique d'un tableau de
maître, la foule n'est pas satisfaite. Pauvre foule !
il lui faut le pain de vie, l'amour.

Créons la beauté sociale. L'art social, c'est l'art
de l'amour. On se trompe quand on croit que le
peuple envie la richesse. Non : il s'insurge contre
l'emploi qu'on en fait. Aimez des idées : la foule

se lèvera et vous suivra jusqu'à la mort, même si vous êtes riche. Aimez des intérêts: la haine vous entoure, même si vous êtes pauvre.

Mais voici le point difficile. J'ai parlé plus haut du communisme nécessaire des âmes. Comment le réaliser? Nous, hommes, nous ne pouvons pas aimer les autres hommes, sous peine d'injustice criante, de folie, de désastre.

Tcistoï, Victor Hugo et bien d'autres ont parfois prêché l'amour universel. Comme le dit fort sérieusement Walt Whitman, on « aime, ainsi, d'un même amour l'assassin voleur ou l'homme pieux et bon ». Hé! c'est la philosophie de Ravachol. En fait, chacun tourne toujours le dos à quelqu'un dans la vie, et c'est l'honneur d'un honnête homme d'établir un tri dans ses relations, de marquer aux braves gens une préférence, de mépriser les fripons, même arrivés, d'estimer les gendarmes. La foule, prise dans son ensemble, mérite souvent la pitié : *Misereor super turbam* mais Dieu seul peut étendre l'idée de famille au monde entier; quant à nous, pour peu que nous ayons ce qu'on appelle une famille nombreuse, il est bien difficile déjà que nous en aimions tous les membres. Aimer trop de monde, en réalité ce serait n'aimer personne ; et les théories d'amour universel ont eu jusqu'à présent la mauvaise chance de produire la guerre civile, la Saint-Barthélemy ou 1793.

Saint Augustin résout la question par une distinction très juste : « Il y a deux amours, l'amour social et l'amour privé. » Le second est un amour de cœur, et le premier, hélas! un amour de tête.

Comment donc les femmes arriveront-elles au communisme, qui est la voie de leur cœur? Par un moyen simple : par l'amour privé, en prenant les choses par en bas.

On comprend qu'un orateur, un prédicateur, un acteur cherche à agir sur les masses par une sorte de commotion électrique ou tapageuse, qu'il croie pouvoir recourir à de grands moyens, parfois, d'ailleurs, petits. Mais l'art d'une femme, tout fait de sentiments d'intimité, de délicatesse, s'exercera, au contraire, sur les éléments de la vie sociale, et non sur la société même. Comme toujours, il revêt d'amour les choses élémentaires, nécessaires. C'est une bien jolie musique que ce mot : « Aimez-vous les uns les autres »; il revient à dire : « Parez mutuellement vos vies, embellissez votre existence. » Ainsi l'art d'orner les chaumières, d'y mettre un rayon de joie quelconque, fait plus pour la question sociale que l'art de répandre dans un discours des fleurs de rhétorique ou de réciter un monologue. Je voudrais qu'il y eût parmi les femmes du monde une association pour mettre un pot de géranium dans chaque chambre de pauvre.

Ce genre d'amour privé n'apporte, dans la vie

sociale, aucun élément d'égoïsme, tout au contraire! Il forme le faisceau! car aimer les éléments
de la vie, qu'est-ce, sinon aimer la pauvreté, la
misère, et toutes les formes de la misère, matérielle ou morale? De ces pauvretés vitales, de ces
vies en travail d'éclosion, vous en trouverez partout
à foison! Ah! il n'y a pas à chercher. Autour de
nous, bien sûrement, les indigences morales pullulent. Et, plus loin, par delà les murs de votre
jardin!... Ces murailles sont-elles si hautes que vous
n'entendiez aucun cri d'angoisse? vont-elles jusqu'au ciel où ces cris arrivent? Ne voyez-vous pas
tant d'hommes qui meurent, tout le sang des
cœurs que la terre ne suffit pas à étancher? Les
délices du Christ furent « d'être avec les enfants
des hommes », non pas parce qu'il les haranguait
en foule, mais parce que, placé, comme vous,
au-dessus d'eux, et près d'eux, il lisait dans leur
cœur aussi bien qu'en un livre ouvert; et de cinq
pains et deux poissons, il les nourrit tous : « Voilà
trois jours qu'ils me suivent! »... Ne vous aperce-
vez-vous pas, Mesdames, depuis combien de temps,
combien de siècles! les peuples vous suivent! Vous
portez, il est vrai, des bijoux, vous vous habillez
comme de très belles actrices de la vie. Mais où sont
les grandes paroles tombées de vos lèvres, ces paroles d'or, ces perles de salut? Tenir son rang, faire
marcher le commerce, faire gagner les couturières,
est une excellente chose ; mais cela seul peut-il

s'appeler l'exemple donné? Va-t-il résulter de là un resserrement de lien entre les hommes, une sélection des meilleurs et des plus dignes? Je sais bien que le peuple a des défauts, et que, souvent, il ne répond guère à l'amour qu'on lui témoigne. Il a surtout une telle manie d'égalité qu'un monument lui paraît blâmable de s'élever au-dessus du sol et que le nez d'une statue a tort de faire saillie sur le visage; à chaque révolution, on le leur fait bien voir. En même temps, il pense, avec une admirable bonne foi, qu'aucun esprit ne s'élève au-dessus du vulgaire, et que tout ce dont on jouit, c'est tout le monde qui l'a trouvé. Pour être quelque chose en France, il ne faut pas être quelqu'un.

Mais, si cela peut vous réconforter, Madame, rappelez-vous que de chaque nouvelle révolution naît et naîtra une aristocratie nouvelle, car, en définitive, les figuiers produiront toujours des figues, les ânes des âneries... Le principal défaut d'une démocratie dirigeante, c'est même que, sous peine de barbarie ou de servitude, elle nécessite la création d'une aristocratie nouvelle.

Eh bien! il ne s'agit que de faire une révolution dans les cœurs, pour devenir vous-mêmes cette aristocratie sociale; vous représentez les délicatesses et les hauteurs : ainsi, de vous seules nous avons besoin.

A nos jalousies, votre bonté s'opposera, monnaie

d'amour, si elle n'est pas l'amour même. Chacune
d'entre vous peut agir tout au moins sur un mari,
des enfants, des amis, un entourage, et plus on
s'élève dans la hiérarchie sociale, plus ce devoir
d'affection s'élargit. Les grandes dames de la
Renaissance osaient se considérer comme chargées
d'un rôle public d'amour, tant elles se trouvaient
haut placées. Il y a encore des Françaises, des
Anglaises, des Américaines qui continuent cette
tradition, bien qu'à vrai dire on ne leur en sache
gré qu'assez médiocrement.

Vous me direz qu'elles perdent leur temps et
qu'elles pourraient mieux employer leur cœur.
« Pour moi, j'aime les pauvres, certes, et je suis
prête à faire des quêtes (même à outrance), à pré-
sider des œuvres, à me dévouer de tout mon cœur
pour ouvrir les bourses d'autrui, même (puisqu'il
s'agit d'une œuvre sociale) à laisser dire dans les
journaux que la société française vit pour la charité, ce qui est vrai. Mais croyez-vous réellement
que les pauvres ne préfèrent pas un peu de monnaie blanche ou jaune, si matérielle qu'elle soit,
à ce que vous nommez la monnaie d'amour?
D'abord, on peut aimer les pauvres en général; mais
je vous défie bien d'aimer de cœur certains pauvres,
c'est-à-dire de vivre avec eux en contact d'affection. Ils sont si loin, si différents de nous, quelquefois si dégradés...; et puis, dans cette masse
immense, on en voit si peu! Et, parmi ceux que

vous pourrez voir, combien en aimerez-vous? et
de ceux que vous aimerez, combien recevront de
vous le don d'amour? Et alors, à quoi bon? Je
ferai donc la charité, parce que c'est un acte
moral et religieux; mais vraiment, je ne vois pas
en quoi, au sens social du mot, elle peut constituer une aristocratie. »

Voici. L'aumône d'argent est, certes, indispensable, et, bien loin de redouter pour elle une orga-
nisation administrative, on ne peut pas avoir, au
contraire, assez d'applaudissements pour les admirables organisations de ce genre, par exemple
pour l'Office central des OEuvres de charité !

L'argent porte son prix avec lui; il s'agit de le
bien distribuer; mais peu importe d'où il vient.
Seulement, c'est, comme disent les jurisconsultes,
chose *fongible;* autrement dit, son effet est restreint; en nourrissant un pauvre, vous n'en nour-
rissez pas deux. L'amour, au contraire, est for-
mellement contagieux.

Vous me dites que vous ne voyez pas en quoi
une femme s'agrandit ou s'élève d'aller causer
avec deux ou trois, mettons dix ou vingt pauvres,
pas plus, du reste, qu'avec dix ou vingt amis...
L'amour fait la tache d'huile. Qu'un pauvre vous
aime, dix vous aimeront, et, si vous faites aimer
une idée, ce sera bien autre chose. On devrait
appeler l'amour de la poudre. En faut-il beaucoup
pour faire sauter une montagne? Un philosophe,

M. Ricardou, a eu bien raison de le définir « la force cachée qui fait l'évolution sociale ».

Chez nous, surtout! Chaque fois qu'on a voulu faire de nous un pays raisonnable, on n'a réussi qu'à nous rendre un peuple ennuyé. Sans la passion, nous ne faisons rien, nous ne comprenons rien : c'est notre folie et notre force. Nous vénérons le monde des intérêts, puis, tout d'un coup, nous faisons le vide autour de lui, comme si c'était une léproserie.

Il semble que l'argent jette un voile funèbre sur nos velléités de vie, et que sans lui on verrait éclore des milliers de Napoléons ou de Raphaëls... Que voulez-vous? les sociétés, comme les individus, ont leur tempérament, leur jeunesse, leur vieillesse, leur santé, leurs maladies. Elles exaltent l'un et tuent l'autre, sans qu'on sache pourquoi : *Erigens de stercore pauperem!*

Eh bien! voilà précisément ce qui doit élever le rôle des femmes. Ah! je sais bien que tout n'est pas couleur rose dans l'acte de semer l'amour, le dévouement et l'idéal. D'abord, il y a positivement une grande fatigue physique et morale à aimer des ingrats. Et puis, dans la lutte des intérêts et du cœur, le cœur ne triomphe pas toujours. Mais, hélas! il n'y a pas d'ingrats que parmi les pauvres. Et même ne vous est-il pas arrivé, femmes trompées, femmes malheureuses, de vous jeter un jour aux pieds de la Pauvreté, en vous

écriant : « Si vous aviez été ici, *Il* ne serait pas
mort ! »

Il ne faut donc pas craindre de porter partout
l'amour du beau et d'incarner vous-mêmes l'esprit
de beauté. Au point de vue social, cela peut se
faire de mille manières.

Ainsi, l'habitude qu'ont les Françaises de con-
fectionner adroitement de petits ouvrages d'art
est une œuvre de direction esthétique au premier
chef. On peut dire qu'elle a donné l'élan aux
industries de goût, qui font le cachet de Paris, et
qu'elle les soutient sans cesse.

Que citer encore ? Si vous habitez la campagne,
combien d'occasions ! Je ne parle pas seulement
d'inviter à dîner son curé, ce qui en est déjà une.

Mais ne serait-il pas possible de s'occuper de la
décence et de la propreté des maisons, d'influer
même sur l'éducation des jeunes filles dans ce
sens ? Malheureusement, dans notre pays soi-disant
de suffrage universel, la loi refuse encore aux
femmes l'entrée des conseils de charité et des
conseils scolaires, malgré l'exemple de l'Angleterre,
de l'Amérique... Cependant, par des exemples,
par des conseils, une châtelaine peut, indirectement, agir et faire le bien.

Notre même loi jalouse, qui n'admet entre les
hommes aucune différence, ne laisse aux femmes,
si distinguées qu'elles soient, et si intéressées
qu'elles puissent être à la bonne direction des

choses, aucun moyen d'action sur les assemblées
gouvernantes. Un Conseil municipal est, pour elles,
res sacra. Heureusement, les hommes se gou-
vernent les uns par les autres, et la vénération
qu'on peut avoir pour nos délibérations munici-
pales n'empêche pas de constater que, même dans
les plus hautes assemblées, le squelette de deux
cents personnes se réduit souvent à une dizaine
d'hommes, très capables de bien agir s'ils se sen-
taient responsables, mais qui, irresponsables, en-
traînés, perdent quelquefois pied, parce qu'un
chef doit suivre ses troupes. Quant à la masse des
électeurs, je me garderai certes bien de dire, avec
Schopenhauer, Nordau et autres pessimistes,
qu'elle a pour unique souci de « se gorger, se
saouler, se propager et crever ». Non. Mais,
par le snobisme, par l'exemple ou par bien des
moyens élémentaires, on agit encore sur elle.

Si donc on pouvait obtenir des orateurs politiques qu'au lieu de faire de beaux discours, ils
répétassent simplement le mot de François d'Assise :
« Que le Seigneur vous donne la paix », les femmes
auraient beau jeu pour élever un peu les éléments
de cette masse, et, au lieu de bâtir des bastilles,
nous élèverions des cathédrales, car l'esprit de
jalousie seul nous en empêche.

En attendant, ayez des amitiés dans le peuple :
des amitiés vraies. Cela vous élèvera réellement,
puisque la vraie vie, ce n'est pas la vie de courses

et d'agitation, mais la vie intérieure, agrandie et étendue par la sociabilité. Et si ces amis populaires sont au-dessous de vous, ont besoin de vous, quelle douceur! Le Christ a ainsi souri, et des chants du ciel autour de son misérable berceau ont ajouté : « Paix aux hommes de bonne volonté! » Oui, vous tendrez un voile de douceur et de sérénité, vous ferez l'aumône de vous montrer belles, souriantes, affectueuses. Il faut aussi, et surtout, faire la grande aumône, celle de la conversation ! Une femme n'a pas le droit de ne pas se faire aimer! et, vraiment, à ce point de vue, la question sociale est une question d'éducation des femmes.

CHAPITRE V

LES RELATIONS

> L'ami fidèle est une forte protection, et
> celui qui l'a trouvé a trouvé un trésor.
> (L'ECCLÉSIASTIQUE, VI.)

Les relations proprement dites procèdent encore
de l'intérêt et de la nécessité. On veut en avoir,
il en faut, pour « sortir », pour avoir du monde
à ses bals ou à son enterrement, par vanité, pour
s'amuser, pour se créer une coterie... En outre,
on a le plus de relations possible (c'est presque un
dogme de la société moderne); et, ainsi, cela
perd tout caractère d'art, car on ne peut guère
appeler « art » le fait de mettre ou de faire mettre
sa carte chez un millier de personnes profondément indifférentes, ou même moins. Les relations
ne confinent à l'art que comme pépinière d'amitiés, en tant qu'elles produisent une sympathie
élémentaire, qui, ensuite, peut devenir affection de
choix et d'élite, vis-à-vis de personnes à qui ne
nous rattache aucun lien matériel, ni de parenté,
ni d'intérêt, ni d'obligation. Leur multiplicité ne
fait que nuire à cette vue. Mais elle présente cet
intérêt, dont il faut aussi tenir compte, d'idéalise

un peu les hommes, en les faisant connaître d'une manière abstraite, presque uniquement par leurs œuvres, par leurs idées, ce qui est bien différent de l'homme même; attendu que, pour un motif ou pour un autre, la vie de bien peu d'hommes correspond exactement à leurs idées.

Néanmoins, il faudra toujours arriver à approcher l'être humain. Quelle sera alors la règle du tri à opérer? Sur quels hommes peut-on espérer agir? Évidemment, sur ceux qui sont susceptibles d'aimer les choses qu'on aime soi-même. Les autres restent et resteront des relations. Il s'agit donc d'apprendre à deviner les hommes; il est plus facile de les deviner que de les connaître. Car ceux qui sont de trempe assez forte tendent souvent à se réserver; ils ressemblent à des noix; l'intérieur n'est pas mauvais, mais ils ont deux ou trois carapaces; il vaut mieux les casser que les éplucher. Et quant à ceux qui paraissent tout en dehors, c'est la tribu qu'on connaît le moins : le geste n'est rien ou, du moins, sa valeur ne correspond pas à son intensité; quelqu'un qui vous baise la main fait plus que le chien qui vous la lèche; le geste sobre, mesuré, d'un homme expérimenté a plus de portée que les gestes frénétiques d'un enfant.

On rencontre aussi dans le monde beaucoup de gens importants qui se dissimulent avec tant de soin derrière tout ce qu'ils possèdent qu'on est bien en peine d'apprécier l'homme. Un nom, une

fortune, une place, voilà des masques presque
impénétrables. Il faut pourtant les arracher...
Certes, c'est une force que de représenter le « fils
à papa »; surtout dans les démocraties, c'est un grand
élan pour la vie présente que de naître avec de solides
provisions de capital ou que de se trouver solidarisé
avec des gloires passées. Mais cet acte d'esprit ne
fait qu'obliger à d'autres actes d'esprit, et aujour-
d'hui, comme toujours, l'élite active du pays se
composera en définitive des individualités bien déve-
loppées, d'où procéderont, dans l'avenir, des milliers d'êtres. Cela ne veut pas dire qu'il faille nécessairement travailler de ses bras ou être marchand
de vins. Mais l'individualité aura toujours sa place.

Pour pénétrer un homme par sa physionomie,
on peut s'adresser à la bouche et aux yeux. Bien
que moins mobiles que chez les femmes, il est
rare qu'ils ne fournissent pas d'utiles renseignements. La joie s'épanouit sur les lèvres, et les
fait pour ainsi dire éclater; le désir les avance,
comme un beau fruit rouge, bien mûr; le dédain,
de nature déjà inférieure, relève la lèvre d'en
haut et fait ressortir par le milieu celle d'en bas;
l'inquiétude abaisse horizontalement la lèvre inférieure, avec une commissure notable à chaque
extrémité; un certain sentiment de scepticisme,
ou, plutôt, de saturation de vie, relève, au contraire,
cette lèvre basse et la fait déborder dans toute
sa largeur sur la lèvre supérieure.

Quant aux yeux, bien peu d'hommes savent assez les voiler pour que les femmes ne sachent pas y lire.

En analysant ainsi avec quelque attention les gens qui nous approchent, on finira par les ranger, en définitive, dans deux catégories : les faibles et les forts.

Les faibles forment l'immense majorité ; seulement, il y en a encore de deux classes : les faibles simplement encombrants, nuisibles, incurables, et ceux dont la faiblesse même permet qu'on en tire parti.

Combien nous en connaissons, de faibles de la première classe !

Voici le genre niais : l'homme au rire stéréotypé, d'amabilité persistante, mais dont le cerveau ne rend rien. Incurable.

Le genre dit « mondain » : à l'œil spirituel, mais froid, et facilement impertinent, qui tourne autour des femmes à la mode parce que c'est « smart », un ami d'épiderme. Franchement, Madame, pourquoi vous offrir en hostie à ces messieurs?

Voici un autre candidat à votre amitié : la sincérité est la dernière vertu qui lui reste, ce qui fait qu'il ne se pose pas en lis de la vallée. Il ne demande qu'à tout révérer ou à tout démolir : excellent homme, la bonté, l'honneur même, et, de plus, gai. Mais, quant à croire qu'une femme

puisse exercer une influence utile, ah non! il ne
connaît pas les femmes par le cerveau. Tel quel,
il a plu, il plaira encore (car bien des femmes se
résignent à ce type, pratique, facile à trouver, peu
compliqué). Il ne se perd pas dans un tas de
nuances précises et respectueuses. C'est un homme
à la mode. Il n'a pas besoin de vous!

Et puis, il y a toute la foule des gens qui n'ont
aucun parti : snobs, « arrivistes », grands baiseurs
de pieds, baudruches, ombres vaines, imbéciles
qu'il faut flatter, même grossièrement.

Comme tout existe, il y a même des gens qui
vous respectent. Si on voulait bien me permettre une opinion, j'émettrais timidement l'avis
que ce sont ceux-là que les femmes doivent pré-
férer. Posez comme premier principe que vous
aimez ceux qui vous aiment, vous aurez une
foule d'amis; et, comme second principe, que
vous aimez ceux qui vous estiment : aussitôt s'opé-
rera la sélection essentielle. Au fond, cela vous est
facile. Vous êtes toutes de vraies aristocrates, des
dilettantes de la vie; vous aimez qu'on vous
serve, mais librement. Vous voulez que les
hommes soient des hommes, non des esclaves, et
qu'ils s'occupent de vous. non par sottise, mais
par goût. Vous vous moquez d'eux, et vous
trouvez un peu ridicule leur manie; mais, au
fond, elle vous plaît. Vous dites du mal des
hommes, mais vous les vénérez. Vous voulez bien

de leur soumission, de leur faiblesse, mais à la condition délicieuse de sentir cette faiblesse fausse; car, si elle est vraie, n'en parlons plus. Le vrai homme pour vous est viril, celui qui, tout en sachant s'enthousiasmer, s'impose, celui dont vous relèverez demain et qui vous le laisse comprendre. Celui-là, vous sentez qu'il vous saisit et qu'il vous respecte, parce qu'il vous rend ce qui vous est dû, pas davantage et pas moins. Puis, en général, dans le désir si noble que vous avez de tendre la main à des hommes et d'agir plus ou moins sur eux, il entre toujours un peu de vanité. Mais, en ce sens, il faut encore une mesure; et c'est un petit travers de quelques femmes de s'entourer de gens bruyants. Hélas! la gloire elle-même est un boulevard à larges égouts; quelques grands hommes n'étaient que des ratés ayant réussi; d'autres gagnent à être vus sur le théâtre en plein air, qui convient à leurs désarticulations. Ils séduisent, ils aveuglent, soit; mais ils n'aimeront jamais qu'eux-mêmes.

Plus un homme est sincère et grand, moins il est compliqué. Il porte jusque sur sa figure une expression de confiance active, nette, saine, attirante. La vie de saint Vincent de Paul est un roman; mais quelle admirable unité dans ce roman! Si vous goûtez la loyauté d'un homme, sa liberté d'esprit, si même il vous plaît de trouver à son âme une saveur un peu amère, sauvage et

fortifiante, vous êtes digne de lui! Le mensonge,
la platitude, les finasseries sont des vertus d'an-
tichambre et le stigmate de nos neurasthénies;
aidez donc cet être de vigueur à se déployer! Si
c'est un savant, bête à force de science, vous ferez
pénétrer l'air de la vie entre·les pages de son
dictionnaire. S'il néglige un peu la beauté de
la forme, de vous il l'apprendra vite. Qu'il soit
sanguin, mélancolique, colérique ou lymphatique,
vous montrerez, en dépit d'Aristote, que ces subtiles
et superbes distinctions se fondent comme en un
creuset dans les petites mains d'une amie. Vous
le rendrez discret et pacifique, philosophe et religieux; vous entrerez dans cette forteresse, et vous
ouvrirez les fenêtres. Vous ne fabriquez, certes,
pas le soleil, mais vous introduisez la lumière
et la chaleur. Quant à la légion des êtres sans
boussole, vacillants et retombants, ce sont des
relations qu'on peut essayer, par bonté d'âme, de
mettre un peu à l'air et d'arroser délicatement
comme des plantes anémiques. Seulement, il
faudrait éviter de leur laisser croire que leur
misère est vraiment géniale; car ils se per-
suadent assez volontiers qu'un gibier de prison
et d'hôpital, un frelon débraillé, comme Verlaine,
mérite des statues. Ah! ce serait un bel art que de
ne plus pouvoir supporter un souvenir ou un
parfum, sans s'évanouir ou s'enivrer!

CHAPITRE VI

LA CONVERSATION

> Être femme sans jalousie,
> Et belle sans coquetterie,
> Bien juger sans beaucoup savoir,
> Et bien parler sans le vouloir,
> N'être haute ni familière,
> N'avoir point d'inégalité :
> C'est le portrait de La Vallière.
>
> (*Mme de La Vallière*,
> par VOLTAIRE.)

> L'esprit, l'imagination,
> Les grâces, la philosophie,
> L'amour du vrai, le goût du bon,
> Avec un peu de fantaisie...
>
> (*Mme de Saint-Julien*,
> par VOLTAIRE.)

Autrefois, le dilettantisme de la vie aboutissait à un art qui en était le couronnement, un art qui semblait aussi naturel chez les femmes que chez les abeilles : l'art de tenir un salon, d'être reine. Je crois que même une bergère aurait pu réunir des hommes et leur faire apporter du miel. Quant à un bon causeur, on le considérait comme le suprême artiste, d'autant plus qu'on était un peu porté à dédaigner la parole imprimée, on la regardait plutôt comme une denrée publique, banale, mise à la portée du vulgaire, comme un produit du commerce ou de l'industrie intellectuelle.

Nous avons quelque peine à comprendre aujour-
d'hui ce rôle social de la conversation. « La
pensée humaine a besoin d'être aimée pour
être comprise[1]... On croit non seulement avec son
intelligence, mais encore avec ses sentiments et
ses impulsions innées ou acquises[2]... » Voilà le
principe d'art dont on partait. On comptait sur la
conversation pour revêtir d'attraits spéciaux les
plus hautes spéculations scientifiques, et leur donner une vie presque physique.

La sociabilité, les liens de l'affection humaine se
rattachaient ainsi à quelque chose de très haut:
l'Idée. Et, en effet, que serait l'Idée pure si quelqu'un ne se trouvait pas là pour la sortir du labo-
ratoire, pour s'en faire le propagateur, l'apôtre,
l'artiste ?

Et à ceci la conversation excellait. De toutes
façons, elle répandait la vie, parce que c'était, en
quelque sorte (si on me permet cet affreux bar-
barisme), la sympathisation de la vie. En France,
écrit Mme de Staël, « elle ranime les esprits, comme,
ailleurs, la musique ou les liqueurs fortes ».
« Voilà, ajoute très bien une autre femme, le complément de l'œuvre virile, la vivification, la chaleur, l'âme, ce que l'homme demande effectivement
à sa compagne, parce qu'il n'a, lui, ni le moyen ni
le temps de se procurer tout cela... Si tous deux

1. Guyau.
2. M. Fouillée.

s'attelaient à la même tâche, qui ferait l'autre
partie de l'ouvrage? L'*autre* est dans la vie ce que
la flamme est à la lampe. On ne saurait les séparer
sans faire les ténèbres [1]. »

Nous connaissons la trame de beaucoup de
conversations d'autrefois. Du reste, un livre
célèbre, *le Courtisan*, de Castiglione, a servi,
pendant très longtemps, de grammaire ou de
manuel pour cet art. Les personnages de Castiglione représentent l'élite sociale telle qu'on la
comprenait en son temps, grands seigneurs, écri-
vains ou artistes, tous purs esthéticiens, très ins-
truits, très exquis, pétris par des mains de femme,
modèles de douceur et de grâce, sans préciosité
pourtant. Ils abordent les sujets les plus graves
comme les plus badins du même ton enjoué et
profond ; leurs conversations se mêlent de sport,
de jeux, d'occupations les plus diverses, avec une
grande liberté.

Les femmes savent tout ce dont on parle,
choses de l'art ou choses de la vie ; elles ont
moins d'originalité, peut-être, que leurs interlo-
cuteurs, moins de pointe, mais, généralement, elles
donnent une note de sensibilité, et surtout la
note modératrice. Elles excellent à retenir et à
guider la conversation ; si même elles grondent
un peu, on sent très bien avec quelle douceur et

1. Mme Neera, *Journal des Débats*, 22 octobre 1899,

quel charme délicieux. Et remarquez que, si nous prononçons encore avec honneur le nom des grands hommes de guerre de la Renaissance : Bayard, La Trémoille et autres, nous n'avons pas oublié davantage le nom de ces éminentes femmes dont le glaive fut la parole : par exemple, de la sœur de François Iᵉʳ, Marguerite, qui fut la première des femmes dans un temps où les femmes étaient les premières des hommes.

Et, pourtant, aucune de ces femmes ne songeait aux carrières extérieures dites « féministes », et même elles auraient trouvé trop masculines beaucoup d'habitudes du monde actuel. Tout en jouant un grand rôle, elles se cantonnaient expressément dans les limites de la vie la plus privée. Elles tenaient à rester des fleurs de cœur, elles s'excusaient presque d'avoir de l'esprit : « heureusement, ça ne coûte rien[1]. »

Rappeler ces vieux principes, c'est presque, aujourd'hui, prononcer une oraison funèbre. Non pas, certes, que nous ayons cessé de parler ni d'écrire des lettres ! — on ne parle et on n'écrit que trop ! — seulement, nous ne disons plus les mêmes choses, ni dans le même but. On dit ce qu'on a à dire, et voilà ! sans y mêler aucune douceur. Il y a moins d'art, il y a plus d'occupation : au coin de toutes les rues, de béantes boîtes aux lettres, ce que

1. Mᵐᵉ de Lambert.

les Italiens appellent si bien des « bouches », nous tendent leurs lèvres pour sucer notre existence ; un club, un conseil d'administration ou un bureau font le reste. On prétend, d'ailleurs, que l'antique conversation n'est plus possible, et, en outre, qu'elle nous ennuierait ; il faut bien le croire, puisque, même dans les moments d'inoccupation, nous préférons d'autres procédés d'ennui. On ne lui trouve plus d'intérêt pratique, parce qu'elle consiste le plus souvent à répéter ce qu'on vient de lire : les journaux, les revues nous apportent à tout instant les dires de ceux dont c'est la profession de parler, et nombre de gens pensent que ces monologues qu'on lit dans son fauteuil, qui, ensuite, servent à allumer le feu, remplacent avantageusement la peine qu'il faudrait se donner pour parler soi-même ou simplement pour écouter.

Cela me paraît un peu excessif. Sans nier le moins du monde que l'esprit coure les journaux, on nous permettra de persévérer à croire qu'il y a encore une place pour la parole parlée, et que rien n'égale son feu, sa vivacité, sa franchise ardente. Et qu'on nous permette d'ajouter aussi qu'on s'exagère beaucoup les difficultés de la conversation. Une femme, pour la diriger bien, n'a pas besoin de beaucoup d'éloquence ni de savoir ; elle frappe le rocher comme Moïse, et elle laisse jaillir la source. La communication s'établit alors entre elle et son entourage : elle répand la pensée de ses amis mieux qu'ils ne le feraient eux-mêmes, et eux, à leur tour, répandent quelque chose d'elle.

D'êtres isolés, elle fait des êtres vivant de la vie collective : et les conséquences de cette action sont incalculables. Il suffit, parfois, qu'une excitation, même rapide, s'emmagasine dans le cœur pour que nos idées s'en trouvent pendant longtemps imprégnées.

Voilà ce qu'il y a de vraiment grand dans la conversation et ce que rien ne remplace : se donner, et tout demander[1] ! Ne pas se borner à prendre un abonnement de journal ! Et puis, cette peine même dont on se plaint, qu'on préfère éviter, qu'est-ce autre chose, sinon l'art de faire des frais, l'art de politesse, une des beautés de la civilisation, et qui doit apporter avec lui les vertus exquises de sociabilité, la tolérance, l'indulgence ? l'art qui a pour but la mise en commun des émotions, la communion humaine ?

Une femme qui reçoit, qui cause, ne perd donc

1. « Parfois, dans une vie entière, on n'a deviné Dieu que par une vague impression, un soir d'été, par exemple...

« Mais l'instinct de l'amour et du divin ne fait que sommeiller. Devant la beauté, l'amour s'éveille toujours.

« Le cœur humain aspire si naturellement à se donner que, dès qu'un homme se présente, ne doutant ni de lui ni de vous, on voit accourir de tous les points de l'horizon de longues processions d'âmes affamées d'idéal. La raison comprend un don partiel ; le cœur ne comprend que les holocaustes.

« Il faut d'abord se donner soi-même et ensuite tout demander. » (Paul Sabatier, *Saint François d'Assise*.)

pas son temps ; elle remplit simplement un devoir, elle nous donne l'aliment moral. Ce n'est pas d'hier que saint Bernard en faisait déjà la remarque, en disant que les vertus mondaines, « loin d'être un obstacle à l'avancement spirituel des femmes, » aident à l'assurer, et Mme Necker déclarait encore, il y a cent ans : « On est plus vertueux en Suisse qu'à Paris », — naturellement, — « mais ce n'est qu'à Paris qu'on parle bien de la vertu. »

Bien des personnes pensent que les rapports sociaux consistent seulement à rire ensemble ou, tout au moins, à en avoir l'air. Elles se battent les flancs pour rire à jet continu. Je suis, certes, d'avis qu'il y a bonne grâce et bon sens à traiter la vie gaillardement, même et surtout lorsqu'elle ne le mérite pas. « Il se peut que l'on pleure, à moins qu'on ne rie. » Mais le rire, à l'état fixe, n'alimente guère une conversation : il est contagieux, mais non sympathique. Jamais il ne traduit une émotion tendre ou agréable : c'est un dérivatif nerveux de la surprise, du dédain, de la contradiction, une sorte de hennissement primitif, haché, saccadé, à demi convulsif, qui coupe la phrase. Supposez-le fort : il secoue l'être, contracte le diaphragme : la tête tremble, les yeux ruissellent de larmes involontaires et se resserrent, la bouche s'entr'ouvre, deux grands plis s'accentuent de la bouche aux yeux, les nerfs du visage s'agitent convulsivement. Le bruit même n'a rien de musi-

cal. Cela ne doit se produire qu'accidentellement. Je
ne sais plus qui comparait le rôle des femmes à celui
d'un emballeur qui glisse de la sciure entre les
porcelaines : dans le rire à outrance, c'est le contraire;
on entend un bruit de porcelaines cassées. Il ne faudrait rire à fond que dans l'intimité. La tristesse
se comprend mieux : les larmes pénètrent et
charment : ce sont les perles de la vie! La plus
grande grâce qu'on puisse faire à un ami, c'est de
pleurer devant lui.

Mais, en face d'étrangers, on n'a pas à découvrir
son âme : il n'y a qu'à exprimer de la douceur et
de l'affabilité. On peut être émue, sans pleurer,
ou bien rire d'un demi-rire qui rend le regard
brillant, éclatant, les lèvres fermes : presque un
sourire.

Ce qui se dit dans une conversation touche
moins que la manière dont on le dit. Sans le
moindre effort de comédie, il y a, sur le visage
sensible d'une femme, une mimique d'yeux, de
lèvres, de muscles, qui explique mieux la pensée
que les plus beaux discours. Quelle chose étrange
que ce pain de la parole! Il se multiplie à mesure
qu'on en mange!

CHAPITRE VII

« ON JUGE QUELQU'UN D'APRÈS CE QU'IL AIME[1] »

> Je ne veux pas dire que les femmes, comme la Martine de Molière, aiment à être battues ; mais elles se soucient peu qu'on les batte, pourvu qu'on les aime.
>
> (SAINT-MARC GIRARDIN.)

> Vivre selon l'esprit, c'est aimer selon l'esprit ; vivre selon la chair, c'est aimer selon la chair : car l'amour est la vie de l'âme, comme l'âme est la vie du corps.
>
> (Saint FRANÇOIS DE SALES.)

> Qui n'aime pas sans espoir ne connaît pas l'amour.
>
> (SCHILLER.)

Enfin, au-delà des affections habituelles, il y a le fait rare, et pour ainsi dire unique, de la parfaite intimité de cœur et d'âme.

Le charme inoubliable de l'intimité et des confidences résume, en effet, l'art de la vie, et cela à un tel point que les esprits les plus religieux le considèrent comme un pur effet de la grâce divine, c'est-à-dire comme l'acte divin par excellence.

« Dieu m'a fait la grâce de me retirer à moi-même, non pour me donner à vous, mais pour

1. Saint Augustin.

14

que je sois vous-même », écrivait François de
Sales à Mme de Chantal.

Ceci est le sanctuaire, la fuite de la foule, la
tranquillité, la fleur de soi-même.

De quoi se forme l'affection intime ? Comme
toute union et tout rapprochement : d'une tendance
élémentaire vers les mêmes choses, puis de l'emploi
de moyens différents : il faut deux cœurs pareils
et deux esprits dissemblables. Ces esprits se complètent, se fondent et arrivent peu à peu à l'unité
parfaite, qui est le fruit de l'amitié plutôt que
son origine absolue.

L'affection peut donc s'appeler l'union profonde
de deux êtres, différents, mais jamais rivaux :
autrement dit, deux hommes (ou deux femmes)
se lient souvent d'une vive amitié, mais il n'y a
peut-être d'affection complète et indélébile qu'entre
un homme et une femme, parce que leurs sentiments aigus, mais inverses, se pénètrent mutuellement, comme deux scies qu'on emboîterait l'une
dans l'autre.

Voyez la philosophie de la Genèse. Adam et
Ève vivaient très purs, pensant ne faire qu'un.
Ils rougirent quand ils se sentirent deux, c'est-à-
dire lorsqu'ils constatèrent entre eux des volontés,
des intérêts, des désirs divergents ou même con-
vergents, car qui vit seul ne rougit jamais. Ainsi
naquit la relation des êtres, à laquelle nous sommes
tous condamnés, puisque nous sommes plusieurs,

C'est donc une faute d'être plusieurs, et elle ne peut être rachetée que par l'affection, qui est une dualité fondue.

Ce besoin suprême du versement de l'âme régit tous les cœurs. Le mariage s'élève jusqu'à cette union morale, il a essentiellement mission de répondre à ce besoin. Çà et là, aussi, se rencontre le charmant mystère d'affections purement intellectuelles. Je sais bien que personne n'y croit plus : il y a des temps qui voient partout du mal et d'autres partout du bien. Il serait peut-être, j'en conviens, ridicule, extravagant, presque scandaleux de prêcher une pure affection des âmes dans une société dont les joies consistent à applaudir des exhibitions de jambes ou des mots raides. Il n'en est pas moins vrai que plus on s'élève dans l'échelle des êtres, plus les trois instincts primitifs : défense, attaque, procréation, s'effacent devant des états nouveaux de jouissance et de civilisation. L'homme vraiment équilibré se soucie assez médiocrement des femmes, en tant que charme physique. Sans remonter aux amours platoniques de Dante, de Pétrarque ou de Michel-Ange, on pourrait citer, dans le XIXe siècle, nombre d'intimités confessées, avouées, qui ne faisaient de tort à personne et qui n'étaient que de vraies amitiés. Les Muses et les Égéries des hommes célèbres en ont parfois fait la caricature ! certains mystiques en ont tiré un grand parti surnaturel.

Je ne chercherai donc pas à démêler s'il faut s'élever jusqu'à ces hauteurs ou s'il n'est pas plus sûr d'y arriver par le mariage. Je ne traite ici que d'un point de psychologie dont il appartient à chacun de faire l'application, de l'amour, qui nous donne cette jouissance de nous attacher à un dévouement inépuisable, à une délicatesse parfaite, et je dis, avec le P. Lacordaire [1], « qu'aucun chrétien véritable, aucun chrétien vivant ne peut être sans une parcelle de cet amour qui circule dans nos veines comme le sang même du Christ. » « Le christianisme a fait naître un sentiment nouveau, qui a pour ainsi dire fondu l'amour et l'amitié dans un même creuset, donnant à l'amour la durée, la fixité, la sérénité qui lui manquent, et rendant l'amitié plus douce, plus suave, plus caressante [2]. »

Après cela, on peut épiloguer, disserter à l'infini sur les distinctions, dire que tout est amour chez les femmes et qu'elles ne connaissent pas l'amitié, que l'amitié d'un homme sert dans les grandes circonstances et l'amour d'une femme tous les jours [3], etc., etc.; qu'importent ces thèses, ou ces plaisanteries, ou les reproches tirés de la possibilité des abus ? on peut abuser de tout... Mais la

1. *Vie de sainte Marie-Madeleine.*
2. M. Daniel Ollivier, *Conférence à Levallois-Perret*, mars 1899. Publiée dans le *Bulletin de l'Œuvre de N.-D. du Salut.*
3. Thomas.

véritable vertu n'est point, — selon le mot de
saint Augustin, — « l'inquiétude de la faiblesse
qui tremble de commettre le mal, c'est la tranquillité de l'amour assuré de l'éviter ».

Sa forteresse, c'est le mariage. Mais peut-être
bien que les femmes auraient moins de religion
si les prêtres n'étaient pas des hommes, et que
nous en aurions davantage le jour où les femmes
serviraient l'autel. Qu'est-ce que cela prouve,
sinon un instinct naturel ? Toute affection morale
ennoblit l'esprit : d'abord, par un procédé d'art,
parce qu'elle fixe notre attention sur les beaux
côtés de quelqu'un et nous fait estimer ce quelqu'un au-dessus du reste des hommes ; puis,
parce que tout fait d'affection a, en lui-même, une
saveur d'ordre supérieur. Mlle Valentine de Lamartine indiquait ce sentiment d'un mot, dans une
phrase adressée à son oncle : « Même au bal, quand
j'y vais, je trouve moyen de m'unir à vous par
Celui qui est le lien des cœurs. »

L'affection sincère est donc un état d'art suprême,
puisqu'elle élève autrui et qu'elle nous élève
nous-même, et qu'elle exalte nos vies. Ce n'est
pas, alors, par compassion ou par sympathie que
notre cœur vibre des joies ou des tristesses d'un
autre : ces joies et ces tristesses sont à nous, nous
entendons nous en saisir et nous en repaître. Nous
éprouvons ainsi le sentiment de nous agrandir,
de progresser : donc nous sommes heureux.

Et la poussée de l'âme se répercute immédiatement sur la vie physique ; jusque chez les chevaux, le pouls s'accélère par suite d'une émotion
morale, par exemple lorsqu'on les apostrophe avec
colère !... L'affection doit produire un effet permanent, mais, en attendant, elle donne des secousses
immédiates : à chaque émotion, chez les femmes,
une foule de petits organes se hâtent de regagner
leur poste, comme s'il y avait une alerte au camp :
tout répond : « Présent ! »

Et, de plus, elle a le caractère contagieux.
D'abord, elle transforme l'un par l'autre les deux
intéressés.

« Telle est la force de l'amour, dit un Père de
l'Église [1], que vous ressemblerez nécessairement à
l'objet aimé, et qu'après être devenu semblable
à lui par les sentiments de votre tendresse, vous
serez, en quelque sorte, transformé en lui par le
lien de l'amour [2]. »

Et, en même temps, l'amour déborde sur l'entourage : les témoins en sont atteints, et veulent
en avoir leur part. C'est comme une épidémie.

Nous jouissons parmi les choses ambiantes de
ce que Cicéron appelait *conspiratio amoris*, le
complot permanent, la conspiration d'amour.

Enfin, en communiant d'affection, l'âme, récon-
fortée, prend un tel essor qu'elle touche presque

1. Hugues de Saint-Victor.
2. Le titre *Imitation de Jésus-Christ* est très psychologique.

aux choses éternelles, et il nous semble que, même au-delà de la tombe, l'affection ne mourra pas.

O l'art délicieux de s'unifier ainsi, de se compléter, de grandir! de grandir par la joie! de grandir par la douleur! de grandir même lorsque l'affection appelle un peu de pardon et qu'à sa douceur se mêlent quelques larmes! Jamais un législateur humain n'inventera cet art-là. Aucun chapitre du code ne peut nous ordonner d'aimer par un autre, de craindre pour un autre.

Ceci est l'art, l'art du mariage, l'art de la vie.

CHAPITRE VIII

LE PLAN DIVIN

> Je vous commande ceci, de vous aimer les uns les autres. Et, si le monde vous hait, sachez qu'il m'a haï le premier.
>
> (Saint JEAN, XV, 17, 18.)

> Il y a pour l'âme humaine un plan divin... Et, pour le réaliser, tout notre développement d'âme, de cœur et d'intelligence n'est pas de trop.
>
> (DUPANLOUP.)

> Ignores-tu donc, ô mon âme, que ton Époux, l'auteur de toutes choses, t'a créée si sensible et si glorieuse que tu ne saurais vivre sans amour ? Saint Jérôme nous dit : « Il est difficile à l'âme humaine de ne pas aimer, il est même nécessaire qu'elle soit sous l'empire de quelque affection. Il faut qu'elle cherche son bonheur ou dans les choses élevées ou dans les choses basses. »
>
> (Saint BONAVENTURE, *Soliloque.*)

Le plan divin de notre vie, c'est celui d'une pleine vitalité. Si la balance s'établit entre ce qui se dépense et ce qui se renouvelle, et qu'au sentiment de l'ordre se joigne ainsi la sensation de la durée, la vie peut s'appeler belle, et elle excite l'amour, de sorte que, née de l'amour, elle vit par l'amour et pour lui. A quoi la comparerai-je? A un étang, qui doit se maintenir un peu au-dessus

du niveau de son versoir, sans tarir ni déborder.
Ou, plutôt, on peut l'apprécier thermométrique-
ment.

	Degrés.
Mort..	
Folie, délire......................................	55
Paroxysme homicide...........................	50
Fureur..	48
Colère, amour fou...............................	45
Énervement, larmes, cris, gestes sans but.......	40
Activité détraquée...............................	38
Ambition...	35
Gaîté bruyante...................................	30
Courage, ardeur, amour.........................	25
Joie franche, plaisir de vivre...................	18
Sécurité...	12
Harmonie, clarté, liberté.......................	10
État moyen, plénitude, jouissance..............	7

Zéro

Douceur, timidité...............................	5
Mélancolie, hypocondrie, humilité..............	10
Appétits matériels, engourdissants, sexuels......	15
Refroidissement, défaut de circulation...........	20
Paresse, fatigue, résignation apathique..........	25
Tristesse..	28
Douleur...	30
Crainte, désespoir, terreur......................	35
Syncopes, coma, pertes de connaissance........	38
Anéantissement..................................	40
Mort..	

Au degré 0, la vie, soutenue seulement par les
sentiments du bien et du vrai, se trouve dans une
activité moyenne; c'est une température de mars
ou d'octobre. Au-dessous de 0, il y a des émotions
dépressives, qui ne pourraient guère suffire pour
la vie normale. On connaît le mot si juste de

Mme de Maintenon : « Elle est trop sensible pour
être heureuse » ; trop sensible, c'est-à-dire tout en
sensibilité ramassée, lourde, condensée.

Ces refroidissements de l'émotion représentent
aussi la revanche naturelle des émotions trop violentes; d'autant plus qu'il y a relation intime entre
les extrêmes; la colère, la joie violente confinent
au désespoir, qui est déprimant; le désespoir,
poussé à l'extrême, revient à des éclats violents.
Même les sentiments forts et calmants, comme
l'amour maternel, amènent bien des crises ou de
larmes ou de joie! A plus forte raison, les faiblesses de volonté donnent lieu à des bouillonne-
ments désordonnés; de certains « plaisirs », on
redescend brusquement au pessimisme froid, ainsi
que cela se produit dans une cafetière qui a trop
bouilli.

Il faut donc tenir compte de l'extrême sensibilité
de la nature humaine. Le caractère du bonheur,
c'est de vouloir s'arrêter, de savourer la force
acquise, de se sentir vivre. « Plus on aime, plus
on est fort[1] », et stable, par conséquent. « Le repos
parfait, comme dit saint Augustin, se trouve là
où se trouve la fidélité de l'amour. » Il vient, le
bonheur, et il nous dit : « Vous trouverez du repos
à vos âmes, car mon joug est doux et mon fardeau
léger[2]. » Suaves paroles, que nul philosophe

[1]. Bonghi.
[2]. Saint Matthieu, XI, 29, 30.

n'avait prononcées! paroles divines! plan divin!
Il est donc vrai que, malgré les sursauts d'en bas,
malgré les menaces de douleur, d'aigreur, de vio-
lence, de tristesse, le cœur peut rester calme et
joyeux! O bienheureux repos! qui n'est pas de la
faiblesse, mais le contraire de la faiblesse! non
pas une abdication, mais une force, une clarté! le
repos de paix et d'amour... Que celui qui n'apprécie
pas les affections humaines apprenne à en user
sans que l'âme y trouve une douceur! Il ne faut
donc chercher cet état précieux ni au-dessous de
zéro, dans le thermomètre que nous avons établi,
ni trop au-dessus.

Car toute vertu peut s'abaisser ou s'exagérer,
toute vertu est doublée d'un mal, à toute force
correspondent une faiblesse et un abus. Il y a des
flammes qui réchauffent, qui éclairent, il y en a
qui dévorent : autre chose est de jouer avec des
allumettes, autre chose de porter la flamme
active, le flambeau de la vie! la paix au lieu du
tourment, la beauté au lieu du désordre! S'élever
à la vie active, voilà le but. Autrement dit, il faut
un peu de passion. Vous serez heureux quand
vous aurez à vous retenir; quand votre cœur
habitera un château idéal peuplé d'affections si
pures, si nobles, si solides, que le temps et la
mort même ne puissent les flétrir! quand votre
être physique se sentira ébranlé, soutenu par
l'âme, que l'activité d'esprit accroîtra la circula-

tion du sang, que l'activité d'émotion élèvera la
température et produira l'afflux cérébral.

Le premier effet de la passion est donc individuel. Et son second effet a rapport à ce que vous
aimez.

Pour vous soutenir ainsi au niveau voulu, il
faut que votre affection se double d'estime et
d'affection, car on vit en ce qu'on aime.

« Rien n'est plus aigu et plus pénétrant que
l'amour. Il est dans sa nature de ne point se
reposer qu'il n'ait pénétré, autant qu'il peut et
selon ses forces, la capacité, la profondeur, la tota-
lité de l'objet vers lequel il tend[1]. »

Il faut donc bien choisir ce qu'on aime; le plus
haut objet d'un attachement en ce monde est une
âme qui, elle-même, saura se perfectionner
chaque jour, se rajeunir, se renouveler, et nous
entraîner ainsi vers le progrès par le désir réciproque de ne pas déplaire.

Et puis, c'est le don de Dieu d'aimer tout ce qui
est beau.

« Pour vous gagner, pour m'attirer à son
amour, Dieu a répandu en l'homme toute la beauté
de sa divinité. Je dis que Dieu s'est répandu en
l'homme, car je ne vois pas qu'il se soit donné à lui
avec mesure, ni qu'il ait réservé de sa plénitude

---

1. Richard, cité par saint Bonaventure, *Les Sept Chemins de
l'éternité.*

quelque chose dont il ne lui ait point fait
part [1]. »

Aimons donc la beauté physique, aimons la vue
et le toucher, aimons l'odorat cher au *Cantique
des Cantiques!* Aimons la gloire, la gloire bien-
faisante, la gloire perpétuelle : « Que le nom du
Seigneur soit béni maintenant et dans tous les
siècles! » Aimons les nuages, aimons les espérances, aimons l'utile. Mettons de la joie et de
l'amour jusque dans la douleur. O saintes âmes,
qui aimez le chevet des pauvres, et qui, dans les
soins les plus pénibles, mettez l'amour! O femmes
incomparables, qui avez le secret de la vie!
aimez tout ce que vous faites! Si vous mangez, si
vous dormez, si vous marchez, aimez! Aimez
votre profession, votre carrière, votre destinée, de
manière que la sève monte à votre arbre. Aimez
le passé, aimez le présent et l'avenir! Vous êtes
Française : aimez les produits français, les fleurs
françaises, le langage français. Il ne s'agit plus
d'illusion ni de suggestion : mettez du vrai amour,
Aimez-vous vous-mêmes, puisque enfin on ne doit
aimer autrui que comme soi-même : ayez pour
vous quelque bonté, ne vous enfoncez pas à
plaisir des épines dans l'âme; sachez oublier,
pardonner même, pour vous donner la paix! Ç'a
été la grande et sublime inspiration des femmes

1. Guerric.

de la Renaissance de s'aimer elles-mêmes ! De
déclarer la guerre à la tristesse, comme vous
devriez faire aux fumoirs et aux clubs, de réha-
biliter la joie sainte, de substituer la vertu active
à la vertu passive, il le fallait alors, et il le faut
encore ! « Tu ne dis rien, tais-toi par amour ; tu
cries, crie par amour ; tu t'irrites, irrite-toi par
amour ; tu pardonnes, pardonne par amour. Dès
que l'amour est la moelle de ta vie, ta vie ne peut
produire que du bien[1]. »

« L'âme de la loi est d'aimer et de faire tout
par amour ; le reste n'est que l'écorce et l'extérieur de la bonne vie[2]. » Et ceci est la forte
vie.

Consultez maintenant un médecin : il vous dira
que votre vitalité s'est accrue : vos yeux brillent,
votre cœur se contracte plus fortement, les vaisseaux se dilatent, la respiration est plus large, la
nutrition et la sécrétion sont plus actives. Vous
aimez. Et l'émotion a eu cet admirable effet de
réunir en faisceau les excitations élémentaires :
instinct physique et suggestion, instincts moraux
d'affection, d'admiration, de gloire, d'égoïsme,
plaisir de possession, joie d'agir, épanchement de
sympathie. Voilà les impulsions de votre être[3],
et, en les surélevant, vous vous élevez vous-

1. Saint Augustin, *In I epist. S. Joh.*, tract. VII.
2. Bossuet.
3. Dugald Stewart, *Herbert Spencer*.

même, ou, pour mieux dire, vous débordez légèrement.

Sans quelques instants de survie, pas de vie.
C'est réellement l'électricité vitale,

> Cette pâle et faible étincelle
>   Qui vit en toi,
> Elle marche, elle est immortelle,
>   Et suit sa loi ;
> Pour la transmettre, il faut soi-même
>   La recevoir,
> Et l'on songe à tout ce qu'on aime
>   Sans le savoir [1].

Une étincelle venue du ciel a tout fait : elle est
la force et la lumière dans la maison, et même
bien loin au dehors.

« Je retrouve ton image en toute créature.
Amour, que je suis insensé de vouloir te fuir !

« Amour, je vais fuyant pour ne point te livrer
mon cœur. Je vois que tu me transfigures et que
tu me fais devenir amour comme toi, si bien que
je n'habite plus dans mon cœur et que je ne sais
plus me retrouver [2]... »

La grande question de la vie, c'est de bien placer son amour.

---

1. Alf. de Musset.
2. Jacopone (Ozanam, *Poètes franciscains*, p. 205).

CHAPITRE IX

S'IL EST RAISONNABLE D'AVOIR UN PEU DE FOLIE

> Par amour, on demande, on cherche,
> on frappe, on obtient, — et par amour
> on conserve ce qu'on a obtenu.
> (Saint Augustin.)
>
> Lorsque nous embrassons en notre
> esprit par la connaissance et l'amour
> quelque chose d'éternel..., nous vivons
> déjà dans les cieux.
> (Saint Bonaventure, *Soliloque.*)
>
> L'amour est la vie de notre âme, et elle
> ne saurait vivre sans amour.
> (Hug. de Saint-Victor, *De Arrh. an.*)

La grande affaire de la vie est de bien placer son amour. Ah! comment peut-il se faire que certains puritains de la logique aient peur de la sensibilité, qu'ils n'osent pour ainsi dire pas prononcer ce mot suprême : Amour? Ils n'auraient donc jamais connu que l'abus de la créature et son ignominie? Mais, à ce compte, la raison aussi a ses erreurs, qui sont peut-être pires que celles de la sensibilité.

La vie a sa beauté et son bonheur. On peut certes en mésuser, mais il n'en est pas moins vrai qu'aimer est le ressort parfait de la vie; c'est comme le rets que Dieu nous tend. Le

Seigneur veut nous prendre « par les liens d'Adam[1] ». « La beauté du corps est celle qui mène à la beauté de l'âme, la vertu naturelle nous élève vers l'existence d'En haut[2]. »

L'amour droit, l'amour juste d'une chose foncièrement belle est comme le levain dans le pain, comme la manne miraculeuse jetée aux Hébreux dans la traversée du désert. Elle donne à la vie un goût si doux que nous n'aimons plus la vie, nous aimons le parfum de passion qui s'y mêle, et nous sentons que ce parfum vient de quelque rivage brillant et serein, où nous avons la confiance d'aborder. Et alors si, avec la sérénité et la joie, nous rencontrons la force et une promesse de vie sans fin, en quoi la vie présente peut-elle se trouver mieux remplie ?

L'enthousiasme nous mène, et, tout aussitôt, nous sentons qu'il ne peut pas rester stérile. Il faut ou qu'il disparaisse dans l'instinct, dans l'appétit, comme l'électricité dans la terre, ou bien que, passé dans nos veines à l'état chronique par je ne sais quel phénomène, il nous transforme par une dynamique mystérieuse. « Le pied de l'âme, c'est l'amour », comme dit saint Bonaventure dans *les Sept Chemins de l'Éternité*. Nous marchons vers une lumière brillante qui s'avance et s'accroît jusqu'à tout éclairer. Nous y mar-

1. Saint Bernard.
2. Saint Augustin.

chons fermement, en plein équilibre[1], dans l'ordre normal de notre être[2].

Les physiologistes comme les mystiques saluent ici la toute-puissance de l'amour. Et, vraiment, y a-t-il rien de plus clair ? Est-ce qu'une mère ne fait pas des miracles pour ses enfants ? Au lieu de se rétrécir l'âme, de calculer, de compter, est-ce qu'à certains moments, emportée par la sainte poésie de la vie, électrisée par la passion, elle ne déploie pas largement des ressources de volonté, d'attention, d'énergie, des ressources même physiques, tout à fait inouïes ? On dirait que son cœur est sans fond, et qu'à cette forte aspiration s'élève une source intarissable ! Telle est la loi, jusque dans l'instinct. Voyez la poule qui a des poussins ou même des canards : comme elle se hérisse, se dresse menaçante ! Où sont ses peurs d'autrefois ? Quelle folie d'héroïsme ! Elle n'approfondit plus, elle aime.

L'enthousiasme, « l'amour de charité », — « vertu unitive », comme disent les mystiques, — est la force du monde ; il amalgame même les esprits ; il les fond ensemble, et en fait comme une seule espèce d'or. Il se trahit vite, car il déborde, il se réjouit de la vérité, il s'attriste d'une faute d'autrui, il se félicite d'un progrès. Et toute vie digne du nom de vie touche à l'enthousiasme en quelque

1. Saint Grégoire.
2. Saint Anselme.

point : il y a une heure où éclate en nous une aptitude aux grandes choses et aux grands actes. Les passionnants engendrent les passionnés, les passionnés sèment ce qui est passionnant, les passionnants le récoltent...

L'émotion ne se circonscrit pas davantage que l'électricité. Elle rayonne, elle agit et se crée une atmosphère de joie. La passion est confiante, éloquente ; elle croit, et on croit en elle ; on se donne à une œuvre, à une idée, à la vie, et, comme par un effet de galvanisation, l'enthousiasme appelle l'enthousiasme, ainsi que Jeanne d'Arc en donna l'exemple.

Sans la passion, je vous le demande, quel est l'homme qui partirait sur un mot au bout du monde, à la bataille, à la gloire, à la mort ? Charlemagne, saint Louis, Napoléon ne se sont-ils embarqués que dans des aventures purement raisonnables ? Quelle kyrielle de folies, si on veut, que l'histoire ! folies qui soulevaient et enlevaient au-dessus d'eux-mêmes les êtres déprimés ! folies qui transfiguraient jusqu'à la chair ! « Morts en odeur de sainteté », pieux névrosés, sagement cuirassés contre le malheur, qui s'étaient dit, eux aussi, que la charité est forte comme la mort[1] ! » Notre Dieu lui-même est un feu dévorant[2]. « Je suis, dit-il, venu apporter le feu », le feu qui purifie, le

1. Saint Grégoire.
2. Saint Paul.

feu qui fond, le feu qui détruit la paille et le foin,
auquel résistent l'or et le bronze[1]... « Notre cœur
n'était-il pas brûlant au dedans de nous, pendant
qu'Il nous parlait[2]. »

On connaît ce superbe et éternel dialogue de la
créature et du Créateur, attribué à François d'Assise :

FRANÇOIS. — « Le ciel et la terre me crient et me
répètent hautement, et tous les êtres que je dois
aimer me disent : Aime l'amour, qui nous a faits
pour t'attirer à lui. »

Le Christ engage François à mettre un peu
d'ordre dans ses sentiments :

FRANÇOIS. — « O Christ! tu m'as dérobé le cœur,
et tu me dis de mettre l'ordre dans mon âme! Toi-
même tu n'as pas su te défendre de l'amour.
L'amour t'a fait venir du ciel en terre : tu es des-
cendu jusqu'à cette bassesse d'aller par le monde
comme un homme méprisé. Tu n'as voulu ni maison ni terre, mais la pauvreté seule pour nous
enrichir...

« Souvent tu cheminas sur la terre comme un
homme enivré : l'amour te menait comme un
homme vendu. En toutes choses, tu ne montras
qu'amour, ne te souvenant jamais de toi[3]... »

Le bonheur est là ; et on peut dire que, par cet

1. Ev. saint Luc.
2. Ev. saint Luc.
3. Ozanam, *Poètes franciscains*, p. 98.

emportement même de l'enthousiasme qui nous
fait sortir de nous, qui nous jette dans la vie universelle et nous livre à une volonté supérieure, il
a le caractère le plus haut qui se puisse trouver.

Le bonheur est un amour actuel, ayant des
racines éternelles, un amour qui trouve ce qu'il
cherche et qui peut encore espérer ce qu'il a.

On a beaucoup et très sagement cherché à l'analyser. Sir John Lubbock, président du tribunal de
commerce de Londres, en trouve les éléments
dans la lecture, les voyages, une bonne tenue de
maison, et le culte de la science. Ruskin a été un
peu plus loin : « Lire, penser, aimer, prier. » Mais
lire, penser, prier, qu'est-ce sinon un conversation
indirecte avec les hommes et directe avec Dieu?

L'analyse la plus profonde, je la rencontre dans
un mot très simple, jailli d'un cœur de femme
passionnée : « Je puis dire, écrivait-elle à propos
de son mari, que nous ne nous sommes jamais
tant aimés que depuis le jour où nous découvrîmes
que tous deux nous aimions Dieu[1]. » L'amour dé-
coule de Dieu.

Tout amour honnête, sincère, profond, s'élève
sans peine jusqu'à l'abstraction idéale, parce qu'il
se suffit à lui-même : il porte le bonheur en soi.

« L'amour plaît par lui-même et à cause de lui-
même. Il est un mérite, il est sa propre récom-

_____

1. Mᵘᵉ Craven, *Récit d'une sœur*.

pense. C'est une grande chose que l'amour. De tous les mouvements, de tous les sentiments, de toutes les affections de l'âme, lui seul offre à la créature de quoi répondre, sinon entièrement, du moins en partie, à son auteur[1]... »

Victor Hugo ajoute : Aimer, « voilà la seule chose qui puisse occuper et remplir l'éternité ».

Eh oui, tout enthousiasme a une saveur de durée : la perspective de la mort ou même d'une fin quelconque le gâterait. Comme toute flamme tend en haut, il paraît naturel de croire en Dieu, quand on a le cœur content, et c'est ainsi qu'on croit le mieux.

« Toutes les fois que je me promène dans le recueillement et la paix de mon âme, au milieu d'une campagne dont je savoure tous les charmes, écrivait Mᵐᵉ Roland, je trouve qu'il est délicieux de devoir ces biens à une intelligence divine : j'aime, et je veux alors y croire. Ce n'est que dans la poussière du cabinet, en pâlissant sur les livres, ou dans les tourbillons du monde, en respirant la corruption des hommes, que le sentiment se dessèche, et qu'une triste raison s'élève avec les nuages du doute ou les vapeurs de destruction de l'incrédulité. »

Si la beauté de la campagne nous pénètre ainsi, que ne ressentiront pas deux cœurs nobles et purs,

1. Saint Bonaventure.

battant à l'unisson, se complétant l'un l'autre dans la vie terrestre et se rattachant ensemble à l'immuable au-delà? Le bonheur les rendra pieux, et je crois qu'ils comprendront facilement les maximes passionnées de l'Évangile :

« Dieu est charité et celui qui demeure en la charité demeure en Dieu... Le Fils vivifie qui il veut... Le Messie est gloire, lumière, amour[1]... »

1. Saint Jean, ch. IV, V.

QUATRIÈME PARTE

LES FRUITS DE LA VIE

CHAPITRE I

VOULOIR

Vouloir, agir, jouir, désirer : voilà l'homme. A l'état primaire, ces diverses facultés étaient actionnées par la satisfaction des besoins matériels. Maintenant, l'homme doit vouloir, agir, jouir, désirer enfin par amour.

Car la vie ne s'arrête jamais, elle ne peut pas s'arrêter. La vie esthétique se superpose simplement à la vie utilitaire ; elle n'en change ni la logique ni les lois, mais elle la tonifie fortement et lui donne une portée plus haute.

Une femme s'agrandit en ne restant pas la poupée d'un homme ; l'homme, à son tour, s'agrandit en ne restant pas son joujou.

Qu'est-ce que la vie belle ? Alfred de Vigny l'appelle « une pensée de jeunesse exécutée par l'âge mûr ». Nous la définirions, nous, une émotion de femme redevenue une pensée d'homme.

Le mécanisme initial de cette action supérieure est facile à expliquer. Prenez un piano, touchez une note ; une corde résonne, premier effet. Puis le son agit, frappe l'oreille des assistants, produit des émotions et des idées; deuxième effet. Nous ressemblons tout à fait à ce piano. Sans entrer dans le détail technique de notre sensibilité, veuillez remarquer que, — tout le monde le sait, — lorsqu'une des cellules de notre corps subit une excitation, comme celle du doigt qui s'appuie sur la note, elle répond par une vibration proportionnelle. Cette vibration, surtout si l'attaque est brusque, se dessine comme une vague. Quel en est le résultat ? D'un côté, l'organe local gagnant en excitabilité, toute émotion semble en appeler une autre; et, d'autre part, cette émotion va remuer tout l'être, pour se transformer en action.

Elle peut n'aboutir qu'à un acte de pur instinct, ce qu'on appelle un « mouvement reflexe [1] »: on vous frappe, vous poussez un cri ; vous apercevez un accident, votre cœur bat plus vite. C'est le simple avis primitif de l'esprit de conservation. Ou bien l'instinct encore peut vous inspirer un vrai acte quasi raisonnable : par exemple, en tombant à l'eau, vous vous accrochez à une branche... sans réfléchir.

Les animaux vont jusque-là comme vous et

_____

1. Ce mouvement a été très soigneusement décrit par M. Th. Ribot et par M. Ch. Richet.

moi, et même ils ne sont point maîtres de ces
mouvements, qui sont toujours pareils, à moins
peut-être qu'une cause mécanique, l'habitude, ou,
selon certains savants, l'hérédité, ne les modifie.
Mais chez nous, un élément personnel, la volonté,
intervient : elle peut régler ces actes d'instinct ; en
tous cas, elle s'en empare, les conduit et les étend.
En cela consiste l'homme : une sensation prolon-
gée, développée, qui donne naissance à l'acte intellectuel, l'attention, la science, voilà l'être humain.

De plus, l'homme possède un clavier moral tout
à fait semblable à ce clavier physique. Il éprouve
des sensations purement morales, qui produisent
aussi des actes primitifs de conservation morale,
grâce à l'instinct de « la conscience » ; puis la
volonté opère de même, et par elle l'être moral
apparaît, stable, ferme, méthodique.

Il y a donc en nous deux degrés de volonté,
comme deux degrés de vie : j'appellerai l'une la
volonté d'en bas, l'autre la volonté d'en haut. Si
le royaume des femmes est le gouvernement de
la sensibilité, elles peuvent des deux mains jouer
sur les deux registres, et, si elles perçoivent des
notes fausses ou simplement un peu cuivrées,
c'est à elles de le dire, pour qu'on recherche la
réparation à faire.

Je viens d'exposer sommairement le mécanisme :
l'expliquer serait chose plus difficile. Bon gré mal
gré, les philosophes admettent au point de départ

de la volonté d'en haut ce qu'ils appellent le don gratuit, ce que les théologiens nomment la grâce; en tous cas, c'est la grâce d'amour. Notre volonté résonne réellement par là; tous les jours, on se dévoue, on se fait tuer, on triomphe pour des causes évidemment fausses, tandis que la pure raison émeut moins notre activité. La volonté est parfois bonne ou mauvaise suivant l'émotion : et un bon instrument peut ne servir qu'à rendre pire un jeu détestable. Si les femmes savaient bien ce mécanisme, nous serions presque à leur discrétion. Heureusement, elles l'ignorent, et elles croient souvent que le piano humain résonne à lui tout seul, ou bien qu'il faut tomber sur le clavier à bras raccourcis, à coups de poing.

Quiconque saura gouverner nos émotions agira sur notre volonté. Certes, nous avons un libre arbitre, et tout homme raisonnable, sérieux, bien élevé, bien équilibré, agit sur lui-même. On apprend à marcher, à supprimer les mouvements inutiles, à en faire d'utiles. Mais que cette science première devient fragile en face d'une émotion! Quand notre cœur s'émeut, quel est, s'il vous plaît, le raisonnement qui prévaudra? « On n'a point la tête à cela! » O le château de cartes, sur lequel soufflent tous les vents, qui ne demande qu'à s'évanouir! O le grand guignol, dont la raison continue à faire les gestes, mais dont le cœur tire la ficelle! L'idée se

sont tellement inférieure à l'émotion que, parfois, comme dit M. Sully-Prudhomme, elle cherche à simuler les formes de l'émotion... Mais on la reconnaît toujours !

Il y a des hommes, pourtant, de volonté vigoureuse, qui se maîtrisent assez bien. Ce sont extérieurement des êtres simples, à l'œil clair, aux nerfs calmes, un peu négatifs, auxquels l'habitude du frein donne des apparences froides, parfois hésitantes. Ils vivent dans un perpétuel conflit de motifs que leur art consiste à contre-balancer, ou, pour mieux dire, à annuler les uns par les autres, comme dans un *clearing house*. La structure de leur volonté repose sur un théorème d'équilibre : à un mal présent, ils opposeront un bonheur idéal, à une impulsion égoïste un plaisir d'affection ou *vice versa*. Ces êtres de raison et de volonté auraient honte de se laisser emporter par l'imagination : leur prudence paraît la raison même. Et, cependant, il faut, malgré eux, qu'un amour leur dilate âl'me[1], qu'une secousse d'émotion morale développe chez eux une volonté supérieure, autrement ils perdraient une grande partie des moyens qu'ils ont si chèrement achetés. La raison pure retranche à la passion, la passion, au contraire, multiplie la force intellectuelle : que le raisonnement se produise par la passion, rien de plus naturel, la passion se trouve plus

1. M. Ricardou.

haut : mais une émotion de désir, d'amour, de
crainte, aiguise et amplifie l'entendement le plus
obtus [1], lui donne une portée presque miraculeuse.
De même qu'un artiste, en concentrant son regard
sur un objet qui lui plaît, voit des choses que d'autres
yeux ne découvrent pas, de même, dans l'art de la
vie, le regard d'amour a une grande force : je parle
au point de vue moral, et même au point de vue
physique, témoin le phénomène si étrange, et
encore si peu connu, de la télépathie.

En pensant constamment à une personne qu'on
aime, on arrive à deviner presque son action ou sa
pensée. Tout notre être a positivement besoin de
converger vers un but unique pour donner sa puissance. L'idée fixe peut devenir une maladie cruelle,
mais l'amour fixe est un bienfait, parce que ce n'est
plus un but, mais un mobile.

Cela est si vrai qu'aucune religion n'a mis un
pur raisonnement sur les autels. Personne ne l'ado-
rerait. Toutes y mettent la passion et nos ardents
instincts, image de Dieu même : on nous promet
la vue de Dieu, la jouissance de la vie, le bonheur,
l'amour complet, sans efforts, sans fin, une moisson
d'émotions morales. Voilà pourquoi une religion
toute d'amour nous a donné le droit de faire des
miracles. Le Maître nous a dit que, par suite d'un
vif trait de l'amour de Dieu, les sourds enten-

1. M. Ribot.

draient, les muets parleraient, les paralytiques, les ankylosés, les névrosés se lèveraient et emporteraient leur lit.

Cela est vrai encore. Il y a dans la force de l'émotion des richesses que nous ne soupçonnons pas, des richesses physiques. Et, plus encore, des richesses morales! En nous gisent une multitude d'idées et de sentiments latents, à l'état embryonnaire. Il arrive que ces germes se développent même à notre insu; nous ne nous en apercevons que quand ils ont pris leur essor. « Notre tête est pleine de belles idées que nous ne pouvons connaître. » Et même, pour le dire en passant, il y a toujours eu dans la sorcellerie un certain côté juste, qui était la recherche de ces richesses inconnues.

En ce sens, notre devoir, à tous, est d'être un peu sorciers. Une femme m'écrivait un jour qu'un de mes livres l'avait menée dans certains recoins de son cœur inconnus d'elle, et qu'il l'avait aidée à se rendre compte de sentiments qu'elle portait sans les voir.

Ce que tentera par hasard un écrivain, les femmes doivent le faire sans cesse. Elles ont en main le flambeau par lequel étincellent les stalactites de notre âme. Il n'y a qu'à le prendre et à entrer. Mais voilà! beaucoup prennent la torche, et peu veulent s'en servir. Ou bien elles ne savent pas: car avec de très beaux yeux on peut ne rien voir, avec de très belles mains ne rien saisir! ou bien

elles manquent de curiosité, ou elles s'effraient de
leur ombre : quelquefois aussi, elles craindraient, en
donnant à un homme conscience de sa valeur, de
perdre leur action sur lui ; tandis que c'est plutôt
le contraire qui est vrai.

Il faut se constituer gardienne et, pour ainsi dire,
fournisseuse d'émotions : « Je vous ai établie gardienne de ma maison. » Aimez vraiment par l'esprit
celui que votre cœur aime. S'il s'affirme, il vous
sert bien. Sachez, au besoin, rétrécir de vous-mêmes
votre action apparente, vous replier légèrement,
pour faire fleurir cet homme vers la famille, vers
la patrie, vers la société, vers Dieu! Soyez précises
et stables. Quand nous disons : « Je veux cueillir
ce fruit », notre bras se lève de lui-même. N'allez
pas manquer de cueillir le bonheur, faute de lever
le bras !

Un homme doit haïr et aimer. Au fond, c'est le
même mouvement : la haine n'est qu'un amour re-
tourné, le mouvement de la machine en arrière.
L'amour et la haine nous font agir. Le mécanicien
d'un train chauffe la locomotive, vérifie les rouages,
et, au besoin, ouvre la soupape de sûreté. Voilà! il
faut entretenir une flamme saine, claire, nette, flambant bien.

On me dira que, si un sentiment d'affection
peut évidemment réveiller et aiguiser chez un
homme les éléments de volonté, il semble plus
malaisé d'admettre que l'assistance d'une femme

puisse pratiquement aider ensuite cette volonté à
se développer. Car la volonté ne vaut que par elle-
même : l'aider, c'est presque la mettre en tutelle,
et les femmes ont-elles bien qualité pour exercer
une si haute tutelle morale? Il faudrait d'abord leur
supposer à elles-mêmes une vigueur d'âme qui
n'est pas toujours dans leur nature.

À dire vrai, je crois qu'on exagère un peu la
faiblesse morale des femmes. En réalité, elles ont
besoin de s'attacher à quelqu'un plutôt que de
s'appuyer sur quelqu'un. Leur faiblesse vient parfois du défaut d'éducation, de ce que la volonté, chez
elles, n'a pas atteint l'âge adulte et ne leur fournit
pas de solides moyens de défense; ou bien elle vient
des épreuves de la vie. Ah! certes oui! on voit de
lamentables femmes errer dans le monde, désem-
parées et sans boussole, à la suite de quelque naufrage! Autrement dit, leur volonté est humaine
comme la nôtre, et sujette aux mêmes vicissitudes.
Mais la faiblesse de volonté n'est pas un mal contagieux; au contraire, elle se guérit plutôt au contact
d'une autre faiblesse; en sorte que la sensibilité
même des femmes supplée et remédie à leur propre
faiblesse. Une femme qui manque de volonté peut
très efficacement soigner un homme qui en manque
également, et, par là, elle se soignera elle-même.
C'est le triomphe des femmes : même dans les
cas majeurs, elles ont ce don parfait de sécher leurs
propres larmes et de les cacher, pour nous rendre

la volonté. Je dirai plus : une femme bonne et
attentive remplit cet office instinctivement presque
tous les jours, elle sait, dans mille circonstances,
glisser la parole utile, réconfortante, qui fait aimer
un travail, un objet sérieux, la vie...

Quant à l'objection qu'un appui de ce genre
annihilerait chez nous la volonté, elle paraît
difficile à accepter, même pour des hommes
exceptionnellement doués. Il faut en convenir,
nous avons plus souvent besoin d'être domi-
nés que de dominer, et tout le fracas de nos
résolutions ou de nos colères, nos caprices, nos
instabilités, nos mécontentements, ne prouvent
qu'une chose : c'est que notre machine a besoin
d'un horloger.

Les phénomènes varient à l'infini ; mais, en
règle générale, plus la volonté, de l'homme est
faible, c'est-à-dire plus la personnalité de cet
homme s'efface, et plus les instincts primitifs re-
prennent mathématiquement chez lui la place lais-
sée libre par les sentiments humains : est-ce donc
nous nuire que de calmer d'abord ces mouvements
désordonnés, puis de rechercher patiemment les
causes, petites et grandes, physiques et morales, de
notre faiblesse, et de s'attacher à les faire disparaître
les unes après les autres ?...

Parfois, c'est la machine elle-même qui est usée
ou brisée, et alors, pour lui rendre le mouvement,
il faut un effort tout à fait exceptionnel. Dans ce

cas-là, en effet, on arrivera à une sujétion véritable de la volonté virile ; mais comment s'en
plaindre? Si un homme est malade et obligé de
garder le lit, peut-on s'en prendre à sa garde-
malade? Or, il est bien évident que la volonté a
de véritables maladies[1] : notamment l'aboulie,
qui atteint des gens parfaitement sains d'ailleurs :
c'est une cassure des rapports de l'intelligence à
l'acte. Les malades sentent parfaitement leur situation : l'un d'eux, après sa guérison, expliquait
ainsi son état au médecin Esquirol : « Le manque
d'activité venait de ce que mes sensations étaient
trop faibles pour exercer une influence sur ma
volonté. » Un autre disait qu'il se sentait complet,
sauf qu'à chaque acte manquait la sensation qui
lui est propre et la joie qui lui succède[2].

Ces états se développent plus facilement qu'on
ne pourrait croire chez des êtres trop affinés ou
naturellement apathiques. Il n'y a aucun cerveau,
si bien organisé qu'on le suppose, que des impulsions folles ne traversent pas quelquefois ; la volonté les repousse : mais, parfois, des cerveaux,
même sains et vigoureux, ont des cases vides, où
la volonté n'opère pas et où elle laisse le champ
libre à des faiblesses locales.

Je reconnais que, dans ces cas, presque physio-

1. Voir M. Th. Ribot, *les Maladies de la volonté;* — M. Jules
Payot, *Education de la volonté.*
2. M. Ribot.

logiques, l'assistance du sentiment descend elle-
même, et forcément, à un degré correspondant et
presque physiologique. L'affection la plus haute
doit se faire petite, et devenir, momentanément,
une sorte de suggestion ou d'hypnotisme. Cet
amour-là, certes, n'est plus que l'ombre de lui-
même, hélas! oui; mais son but reste haut, et
même plus haut que jamais. On a souvent dépeint
l'espèce de dépendance matérielle qui s'établit,
par exemple, entre un hypnotiseur et son « sujet ».
Cet étrange tableau est bien connu : la volonté est
enchaînée, le sujet éprouve pour son directeur une
sorte d'amour révérentiel, profond, tyrannique
d'ailleurs, car il faut que ce directeur pense au
« sujet », s'occupe de lui, le lui montre sans cesse...
Cette dépendance très morbide peut s'effacer peu
à peu et se perdre soit dans une affection réelle,
soit dans la haine... Eh oui! cette maladie existe;
le pauvre être humain devient alors comme un
simple mécanisme matériel qui tourne dans le
vide. Mais qui pourrait sérieusement chercher la
théorie de la sensibilité dans cet affreux détraque-
ment de la matérialité physique ?...

. . . .

Seigneur ! vous nous avez dit que nous, ignares,
nous parlerions toutes les langues: que sans rien savoir nous enseignerions les nations, en leur balbu-
tiant ce mot sacré, ce mot de foudre : « Aimez ».

Seigneur, chaque fois que vous ressuscitez en nous, chaque fois qu'une idée belle nous pénètre d'un trait de flamme et vient secouer les cendres, les poussières, les torpeurs de la vie morte, vous apparaissez d'abord à la femme! ce fut jadis votre résurrection à vous-même, comme si le miracle de l'amour, c'était vous-même. Et des lèvres de femmes, semeuses de volupté, vous avez fait le fruit de la grâce. Était-elle donc si belle, celle qui vous vit sortir jusque du tombeau? Je ne sais. Mais ces paroles qui tombaient de ses lèvres, ces perles de pleurs qui tombaient de ses joues, ces clartés qui tombaient de ses yeux, ces parfums qui tombaient de ses mains, ces grands cheveux tombés de sa personne et qui entouraient vos pieds, tout cela, c'était le don de l'âme; c'était l'art par lequel la volonté ressuscite d'un cœur féminin.

Les Princes et les Prêtres avaient mis leur sceau sur votre pierre tombale. Le monde fait de même : il met le sceau sur les choses humaines, mais tout ce qu'il y a de divin dans l'homme passe à travers la pierre. Et, en définitive, cette partie divine est pure, ardente, c'est la vraie!

En revanche, les hommes pieux, qui voudraient édifier la vie sur la seule vertu morale, et qui se défient du beau comme d'une attraction dangereuse et de l'amour, en général, comme d'une faiblesse, ceux-là sont obligés de se contredire et d'avouer aussi qu'en somme, pour le dévelop-

pement de la volonté, aimer est la grande affaire.
Placez haut votre amour, placez-le en Dieu, ren-
dez vos armes à la passion divine, et vous aurez
une volonté inexpugnable. « Aimer est la grande,
l'unique affaire. De tout l'on s'aide pour aimer,
et si tout manque, on aime et cela suffit [1]. »

1. Ollé-Laprune.

CHAPITRE II

AGIR

Les heures ont des ailes et s'élèvent vers l'auteur du temps pour lui raconter l'usage que nous en faisons.

Toutes nos prières ne peuvent persuader à l'une d'elles de revenir ou de ralentir ses pas. Les gaspillages de chaque minute sont des témoignages accumulés contre nous là-haut. Sûrement, si nous pensions à cela, nous ne les laisserions partir qu'avec de meilleures nouvelles ; et nous ne leur permettrions pas de s'envoler les mains vides ou chargées de dangereux renseignements.

(MILTON.)

Wer immer strebend, sich bemüth,
Den können wir erlösen.

(GŒTHE.)

Il faut agir par amour et pour l'amour.

La volonté ne serait rien si l'on n'agissait pas. Je ne dis pas que nous devions nous dévorer, nous agiter : il faut une activité supérieure, contrôlée par la raison, actionnée par l'amour, dirigée par la volonté; autrement dit, ferme et bien employée. Mais on ne gagne rien à vouloir trop économiser la vie et à la boire par gorgées trop lentes : c'est comme une potion qui s'aigrit dans l'armoire et, en somme, si, par exemple, on vit quatre fois plus à Paris que dans certaines bourgades, on n'y meurt pas quatre fois plus vite.

Que faut-il donc faire, dira-t-on? Eh! mon Dieu, tout simplement user de ses facultés.

Le plaisir de l'action est un plaisir de puissance : surtout physique dans la jeunesse, il devient peu à peu intellectuel, à mesure que l'animal décroît.

Ne sommes-nous capables que d'activité physique, eh bien, poussez-nous à monter à cheval, soyons toréadors, faisons de la voltige, n'importe ; mais ne restons pas à rêver dans le vague, ou bien, esclaves d'une vie mécanique, à manger, à jouer, à bavarder..., à tout le reste.

Si nous pouvons aborder la science et la pensée, placez-nous face à face des choses intellectuelles.

Non pas qu'il faille s'y livrer à outrance. Il s'agit d'aimer l'art pour la vie, et non la vie pour l'art. Si nous entendons un morceau de musique, par exemple, il faut ou que l'idée de ce morceau se termine avec lui, ou qu'il nous laisse un simple sentiment que nous porterons ailleurs. Ne cherchons pas à fabriquer de l'esthétisme, mais à fortifier notre vie et à l'éclairer.

Malheureusement, soit par apathie, par esprit de jouissance, par ignorance, par jalousie ou autrement, il y a une quantité de femmes-éteignoirs. C'est une victoire pour elles que d'avoir éteint leur mari, et elles font cela de la meilleure foi

du monde. Elles s'imaginent lui rendre service en
le ramenant à leur propre taille. J'ai prononcé le
mot de jalousie. Il y a aussi, plus qu'on ne croit,
de femmes jalouses de l'activité de leur mari, qui
le voudraient sous leurs jupes.

La victoire, c'eût été de le pousser, au contraire, où son cœur le porte : que ne pourrait faire
dans tous sens une activité pleine d'amour ! Le
champ de l'activité humaine est indéfini, et
quand, au-dessus du métier ou de la nécessité, on
place l'amour, le dévouement et le noble plaisir
que produit le mouvement des idées, le travail
vaut double.

Si un homme ne sait pas ou ne veut pas trouver sa voie, sa femme ne doit pas hésiter à le
prendre par la main et à le conduire. Qu'elle
lui montre un noble but, n'importe lequel ! par
exemple le travail social, même l'ambition. L'ambition est pénible et mauvaise conseillère quand
elle n'a pour but que celui d'« arriver ». Elle
peut devenir saine et salutaire si une affection en est la récompense ; elle rentre dans
l'ordre de la vie. La charité y rentre aussi :
M. Robert Woods, M. le comte d'Haussonville
ont très bien montré qu'on ne doit pas la considérer comme un luxe social ni même comme une
pure bienfaisance, mais comme une vraie fonction de
l'économie sociale, j'ajouterai comme une nécessité
de la vie individuelle. C'est par excellence la fonc-

tion d'amour; or, la société ne saurait se sauver par des moyens, comme le prétendent les hommes politiques, « elle se sauve par des personnes; il faut l'influence individuelle, l'intimité continue, l'intérêt pris aux affaires humaines par ceux qui ont bu aux sources de la science, qui ont acquis la largeur d'esprit philosophique et historique nécessaire pour bien aimer son prochain. La science acquise... n'ajoutera qu'un stimulant de plus à la pitié naturelle : chacun de nous sans exception doit être apôtre[1]. »

L'homme que mène une noble ambition d'amour n'a rien de commun avec l'intrigant vulgaire : c'est l'abeille au lieu du frelon. Il donne sans compter, et dédaigne de demander. Il aime les bons, même parmi les humbles, il hait les méchants, même parmi les puissants. Toute main de femme le mènera fatalement à la morale active du dévouement, en dehors des calculs et des systèmes, et créera le lien de charité, c'est-à-dire l'expansion de l'amour.

Vous finiriez, Madame, par arracher à cet homme, d'abord enlisé dans son métier ou dans sa paresse, des actes d'enthousiasme.

Vous lui parlerez le soir; vous l'entraînerez en lui montrant les vérités humaines par leurs beaux côtés, vous lui ferez lire de l'histoire, afin de l'éloi-

---

1. J'emprunte cette belle page à Mme Bentzon (*Les Américaines chez elles*).

gner de lui-même. Vous déchirerez ses idées fixes.

L'art vient tout seul. Voyez comme Botrel ou Yann Nibor interprètent naïvement ce qu'ils entendent! Les Anglais, peuple essentiellement pratique, mais original et individualiste, nous ont donné en ce siècle les plus vigoureux penseurs. Faites penser, le geste suivra l'idée. Vous pouvez vous rappeler mille illustres exemples : telle Mme de La Sablière faisant travailler ce bonhomme de La Fontaine. Mme de La Sablière avait-elle du génie? probablement non. De l'esprit? je n'en sais rien. Mais sûrement elle avait du goût, et surtout de la bonté Peut-être que, dans la manière fine, douce, naïve du fabuliste, on pourrait retrouver souvent la trace de son désir de plaire à cette dame. Il ne faut pas, d'ailleurs, exagérer l'importance du contrôle féminin, et je n'ignore pas que la littérature pour dames n'a jamais très bien réussi. Mais je rappelle et je répète que, d'une manière générale, les femmes sont absolument responsables de la direction morale et intellectuelle de la société. D'abord, on écrit les romans pour elles : sans elles, il n'y a pas de théâtre : elles lisent, elles achètent, elles écoutent, elles jugent; par conséquent, elles répondent indirectement de toutes les ignominies à la mode. Mais, de plus, on ne peut pas négliger leur jugement direct. C'est à elles de polir les hommes et de créer une atmosphère de délicatesse et de paix, faute de laquelle les esprits les

plus vigoureux manqueront toujours de quelque
chose.

Quand même elles n'exerceraient d'action directe
que sur un seul homme, leur mari, cette action
suffit, car les idées d'un homme tant soit peu
intelligent font vite la tache d'huile.

Bien aimer et bien travailler, voilà la formule
simple pour mener une vie chaste et forte et développer l'activité.

Une activité sérieuse nous vaut notre propre
estime et, par conséquent, la sérénité : elle nous
rattache à nous-mêmes, et nous empêche de nous
dédoubler, comme le font des âmes faibles ou
surexcitées. Si vous buvez dans un verre, il se vide : si
vous buvez à la source même, vous ne la videz jamais.

Mais le travail n'a spontanément aucune de
ces vertus : nous avons vu au début de ce livre
que c'est un mécanisme; pour qu'il soit aimable
et aimé, il faut qu'il s'imprègne des qualités d'affection, c'est-à-dire qu'il crée et qu'il donne.

Qu'il crée! les tristes, les pessimistes, ce sont les
impuissants, les gens à sensations passives. Ils se
croient fatigués, surmenés : à force de vivre par
la collectivité, de faire bloc, ils n'ont d'avis sur
rien, ils se perdent en eux-mêmes. Il convient de
leur apprendre que la vie consiste à faire œuvre
individuelle, que le bonheur ne dérive pas seulement des coupons de rente sur l'État; rendez-les
énergiques et féconds par eux-mêmes.

Qu'il donne ! car c'est une étrange loi que notre travail, pour devenir fécond, doit passer par autrui. Tout effort de volonté est un acte de relativité, une adaptation au milieu où l'on vit, puis un acte en vue d'autrui. On est heureux pour soi, mais par autrui. Le bonheur chrétien consiste, non à être servi, mais à servir, au point de sacrifier sa vie comme rançon pour plusieurs.

Il est aisé de remarquer combien l'esprit de gain alourdit et comme les gens trop servis subissent la tyrannie de leur entourage.

L'amour, au contraire, avec rien, fait des merveilles ; d'un jet tout naturel, il va jusqu'au dévouement sublime. Et, chose plus belle encore, il affronte d'un cœur léger tout ce qu'il peut entrevoir de fatigues et d'angoisses. Non pas qu'il rende léger ce fardeau, mais il l'allège et il se réjouit de le porter. Si j'avais à définir la vie heureuse, je l'appellerais « une fatigue aimée ». La sœur de François Ier, Marguerite, avait choisi, en ce sens, une devise admirable : « Jamais oisive ni mélancolique. » Une pieuse légende raconte que la Vierge apparut à sainte Elisabeth de Hongrie et lui donna ce précepte de vie : Aimer Dieu, aimer le prochain comme soi-même (c'est-à-dire dans ce qu'il a de bon), haïr l'ennemi. En effet, il ne faut même pas craindre le fouet de la contradiction ; sans lui, nous n'avancerions pas, nous serions des lâches.

CHAPITRE III

JOUIR

> Souvent, mon corps devenait si léger
> qu'il n'avait plus de pesanteur ; quelque-
> fois, c'était à tel point que je ne sentais
> plus mes pieds toucher à terre. Tant que
> le corps est dans le ravissement, il reste
> comme mort, et souvent dans une impuis-
> sance absolue d'agir... Quoique, d'ordi-
> naire, on ne perde pas le sentiment, il
> m'est cependant arrivé d'en être entière-
> ment privée ; ceci a été rare, et a duré
> fort peu de temps. Le plus souvent, le
> sentiment se conserve : mais on éprouve
> je ne sais quel trouble : et, bien qu'on ne
> puisse agir à l'extérieur, on ne laisse pas
> d'entendre : c'est comme un son confus
> qui viendrait de loin...
>
> (Sainte Thérèse.)

Mais, va-t-on dire, même avec l'activité mesurée
dont nous venons de parler, on ne peut pas toujours marcher. Il y a des moments où l'on éprouve
un impérieux besoin de s'arrêter : « Quoi ! s'écrie
le poète Browning, n'y a-t-il point d'acte qui, une
fois accompli, arrêtera le temps ? N'y a-t-il pas
moyen d'arracher à la terre le secret du ciel ? »
Travailler, agir : soit ! Mais voilà : l'explosion produite, la vie donnée, nous restons vides, et d'autant
plus malheureux, ou même malades : qu'avons-
nous acquis ? des illusions de joie et de grandeur,

puis une bonté, une bienveillance, une générosité poussées peut-être jusqu'à l'extrême... Ce sont les symptômes mêmes de la paralysie des aliénés ! Je suis empoisonné ! J'avais à ma disposition l'alcool, l'opium, la morphine, le tabac... j'ai choisi l'amour, voilà tout[1]!...

Pourquoi donc ne pas s'arrêter, pour rêver de jouir[2], et se mettre enfin à recevoir sans rendre?

C'est ce que professe la sagesse hindoue : d'abord, s'élever au-dessus du péché, et voir clair dans la nature des choses : ce que j'ai fait dans ma première étape de la vie. Puis, laisser le jugement et ne conserver que le plaisir de la satisfaction intérieure : c'est ce que j'ai fait dans la seconde. A la hauteur mystique où j'arrive, cette vieille sagesse me conseille maintenant de jouir, doucement et aussi confusément que possible, d'un bien-être physique et moral dans tout le confortable de la paix et du *farniente*.

A quoi bon la mémoire, et le sentiment même de l'indifférence ? Exister sans plaisir, sans douleur, quoi de mieux[3] ?

Cela est bien tentant... Mais non, ce n'est pas possible ! Au moment même où j'écris ces lignes, un grand vent, très énergique, souffle devant ma fenêtre, parmi les sommets des chênes et des épicéas.

1. Dr M. de Fleury.
2. Suivant le mot de M. H. Bordeaux (*Ames modernes*).
3. Barthélemy Saint-Hilaire.

Le large étang s'émeut. Tout tremble, bruit, roule :
le vent, l'eau, les arbres, tout s'agite, pousse, vit,
et la terre elle-même semble se complaire dans ce
cri rauque de sa palpitation phénoménale. Dites-
moi, puis-je vivre en dehors de cette vie ? Serais-je
moins grand, moins ferme, moins sincère que ces
profondes réalités simplistes ? Ne coulerais-je pas
comme ce ruisseau ?... Il se peut que j'aie abusé de
l'activité, que j'aie trop cherché les sentiments précieux et rares, les impressions inédites, que j'aie bu
dans trop de petits verres de trop petites liqueurs...
Il y a des heures de lassitude et de découragement :
mais ce ne sont pas des heures de vraie jouissance.
Creusons pour nos sentiments, en plein air, en
plein soleil, un lit solide et délicieux, afin qu'ils
coulent limpides, riants, tranquilles, sans s'arrêter
aux épines ni même aux fleurs des bords.

CHAPITRE IV

DÉSIRER

La charité doit toujours croître. La force augmente en aimant : l'exercice de l'amour épure le cœur en lui apprenant à aimer de plus en plus. Dieu est en nous quand nous aimons.

(BOSSUET.)

Dans le plaisir, je regrette le désir.

(GOETHE.)

La vie donne du goût à la vie ; les élans augmentent la faculté et le besoin de l'élan ; les efforts fortifient.

(M. RICARDOU.)

Heureusement, le bonheur change et nous apparaît sous des faces intermittentes, comme un phare tournant ! Car l'origine de nos malaises, c'est que nous avons l'appétit du changement. On veut une pièce nouvelle, un roman nouveau, une nouvelle coupe de robe, n'importe quoi, pourvu que ce soit nouveau ; nous voulons aussi du nouveau dans la vie morale. Si bien que, par le fait, il n'y a rien de plus immoral que de représenter la vertu sous les espèces de la monotonie, comme le font quelques bonnes âmes.

Nous sommes des êtres intermittents, et tout est intermittent autour de nous, comme en nous.

Ne voyons-nous pas, tous les ans, la nature mourir pour revivre à point nommé ? Pourquoi, dans les montagnes, cette vitalité plus intense que dans la plaine : ces œillets à vives couleurs, ces pensées piquées, comme des étoiles, sur une terre toute joyeuse ; les eaux qui tombent en chantant, le vent gai ? C'est qu'ici la mort a été plus longue, elle reviendra plus vite, et, par conséquent, la vie est plus claire, les fleurs sont neuves, tout est jeune.

Nous aussi, nous passons une partie de notre vie à dormir, comme, d'ailleurs, tous les animaux doués d'une parcelle d'existence psychique : nous avons deux vies, l'une obscure, ensevelie dans l'animalité, à peine hantée de souvenirs, de pressentiments peut-être, l'autre qui renaît chaque matin dans la clarté, et qui ne vaut rien qu'appuyée sur la première.

Et, parmi nos actes, nos affections, nos émotions, que d'intermittences encore ! Quand même nous souhaiterions ardemment des joies longues, des joies éternelles, empêcherons-nous les séparations forcées, les ingratitudes, les oublis, ou, au moins, les absences, la mort[1] ?

Voilà ce qui casse notre volonté et empoisonne

---

1. « La vie actuelle est douloureuse, pleine de dégoût et d'atrocité. Il n'y a que deux issues possibles : supprimer le désir, se résorber dans l'inaction... ou exalter le désir, le tendre vers la Vie Éternelle. Comme disait Solon, on ne sait qu'en mourant si on a été heureux. » (Mme de Fleury.)

nos jouissances. Notre vie est comme le mouvement d'un écureuil dans sa cage. Nous allons de l'oubli à l'espérance. Les objets de notre amour sont fragiles, et notre amour ne l'est pas. Les désespoirs qui éclatent à ce propos et qui font si étrangement osciller certains hommes des sensations les plus charnelles à des sensations soi-disant religieuses ou même mystiques, viennent habituellement de ce qu'on n'a pas suivi notre méthode : on a taxé de chimère tout autre amour que celui de la matière, et ensuite on prétend tirer un bonheur inépuisable d'un objet dont le tour est si vite fait.

Rappelons-nous, au contraire, que, peu à peu, nous nous sommes élevés dans l'échelle des sentiments.

Sitôt notre individualisme épanoui, nous avons éprouvé le besoin de le partager. De là, le mariage, puis la collectivité familiale, c'est-à-dire un sentiment déjà plus large qui nous rattache à des ancêtres dont nous nous figurons, jusqu'à un certain point, partager la vie, et à des enfants dans lesquels nous pensons revivre. La femme nous a valu ce miracle. Puis elle en a fait un second : celui de nous élever de ce collectivisme encore personnel à un autre sentiment plus large, celui de la vie sociale, lorsque, par un travail plein d'amour et de charité, nous avons trouvé une joie à nous répandre.

Mais voici que, maintenant, cela ne nous suffit

plus et ne nous remplit plus le cœur. Nous désirons autre chose parce que ce que nous avons aimé est aussi étroit, caduc et fallacieux, aussi intermittent que nous-mêmes. Nous ne trouvons pas la fin de notre amour et, pour le satisfaire, il faudrait nous élever de la vie sociale à la vie unique, au communisme absolu. Comme l'a dit un Père de l'Église, « l'amour du prochain est le berceau de l'amour de Dieu ».

Malgré moi, l'infini me tourmente [1].

L'infini la tourmentait, sans doute, la femme d'amour, la Samaritaine qui avait eu sept maris : et le Christ, perçant d'un regard profond le secret de cette âme fort délabrée, la mit à ses genoux en lui promettant « une eau telle que celui qui en boirait n'aurait plus jamais soif ».

La soif que nous éprouvons s'appelle le désir. Et ainsi, ou la vie ne comporte aucun art ou cet art nous amène à suivre finalement notre volonté transformée en désir.

La seule joie de la vie, c'est d'aimer, d'aimer autour de nous. La seule joie inépuisable est un amour inépuisable, un amour si grand qu'il remplisse la vie et qu'en même temps il reste toujours un désir : « La félicité suprême consistera à

---

1. Alf. de Musset.

posséder éternellement ce que nous aimons[1]. La
vie sera bienheureuse quand elle sera éternelle[2]. »
Pour le moment, nous éprouvons des impressions
plutôt que des jouissances ; et ces sensations nous
épuisent, ou bien, pour qu'elles nous vivifient, il
faut que nous en retirions toute idée de précarité,
de fin, de mort, que nous les scellions d'une illusion de durée. Alors seulement, elles prendront
leur qualité : or, comme la durée n'existe pas pour
nous, dans chaque jouissance il nous faut mettre
un désir. Voilà pourquoi le désir est la loi du
bonheur et de l'amour.

Heureux donc ceux qui savent désirer toujours,
c'est-à-dire qui glissent sans trop appuyer, qui ne
flétrissent pas et ne font pas vieillir d'un seul
coup leur bonheur ! Craignez de dire : « Je suis
heureux. » Cela ne se peut pas. Dites : « Je désire
être heureux. » Comme le froment appelle les
eaux du ciel qui lui donneront la vie ! comme la
nuit est nécessaire au jour !

Aussi toute religion impose à l'homme des renon-
cements volontaires, ce qu'on appelle, d'un mot
très juste, des « mortifications ». C'est la garantie
du bonheur, le paratonnerre de la vie, c'est la
certitude de la joie, c'est l'intermittence nécessaire.

Car le désir lui-même ne serait rien et nous
lasserait vite s'il était vain. Il faut que nous lui

1. Saint Bonaventure, *Soliloque*.
2. Saint Augustin.

donnions une satisfaction qui s'appelle le progrès. L'amour de l'homme est atteint d'une inquiétude si radicale qu'il ne peut se fixer : la satisfaction ne se trouve pas dans le bien, elle se trouve dans le mieux. On est heureux quand on vient du moins bien et qu'on espère un mieux, quand on se souvient de peines disparues, quand on espère une joie, et qu'on se voit dans une situation supérieure à celle de son voisin, ou à une situation précédente Tout nous pousse en haut.

Ce désir est pour nous une cause de tourment, s'il ne se mêle d'amour et de confiance, c'est une joie véritable si la foi et la charité le nourrissent si bien qu'elles en fassent une espérance. L'espérance est ainsi notre vraie jouissance. Voyez un chien, au départ pour la chasse: quels sauts, quelles gambades, quels léchages de main, que de congratulations ! On part, la joie se modère et se canalise : on dirait qu'elle sent déjà son terme. C'est l'histoire de la joie des enfants à qui on va donner un joujou, du fiancé devant celle qui sera sa femme, de nous tous. Les délicats tiennent à « rester un peu sur leur faim », à laisser un peu de joie en suspens. Quelques femmes n'aiment que les gens qui ont l'air de pouvoir se passer d'elles et qui n'insistent pas outre mesure sur les réalités présentes.

Que de désirs nous ont laissé un bon souvenir !

Le peuple grec criait à un personnage dont les

deux fils avaient eu la chance de remporter, le
même jour, les deux grands prix du concours
d'athlètes : « Meurs, Diagoras, car enfin tu ne
peux pas devenir dieu! » En effet, que pouvait-
il désirer encore? rien. Donc il n'avait plus qu'à
mourir.

Il faut toujours garder l'espérance. De même
que, dans l'ordre économique, le progrès est la
règle de la vie, l'amour forge aussi une immense
chaîne qui nous rattache à la Vie même, à la Vie
immanente, inépuisable. Le plus haut désir est
une prière, parce que Dieu se trouve au bout de
l'amour.

CINQUIÈME PARTIE

LA VIE SUPÉRIEURE

CHAPITRE I

L'ASSAUT DE LA DOULEUR

> J'ai dit en mon cœur : « J'irai, et je m'enivrerai de délices, et je jouirai des biens », et j'ai vu que cela aussi était vanité...
>
> Il est un temps de naître, et un temps de mourir, un temps de planter, et un temps d'arracher.
>
> (L'Ecclésiaste, II, III.)
>
> Dors, dors, oublie ta peine...
> Oublie ta vie et l'amour...
> Oublie l'outrage pesant du monde,
> Oublie la santé perdue et les divins sentiments qui sont morts dans le bref alin de la jeunesse,
> Et oublie-moi, car je ne peux jamais être tienne.
>
> (Shelley.)

Ce serait un rêve exquis de désirer toujours ce qu'on a ; malheureusement, c'est un rêve. On ne rencontre pas toujours le bonheur, mais jamais on n'évite le malheur. A un moment donné, nos joies tombent ou sont fortement atteintes. Et la vie ressemble à une cathédrale : d'abord crypte massive, église obscure et souterraine, puis vaisseau léger, élancé jusqu'au ciel, plein de lumière et de couleur, mais facticement soutenu du dehors par de légers contreforts de sentiment, bien minces et exposés à bien des averses. Plus la vie s'élève, plus elle prête au malheur, et à la souffrance; plus un être se trouve haut placé, plus il a mission de souffrir. Et rien de plus logique : la douleur est une émotion, de faiblesse, mais c'est une émotion, et, par conséquent, elle agit d'autant plus sur les sensibilités exquises et étendues. Mieux nous comprendrons le bonheur, plus nous devons nous attendre à souffrir; la douleur a tous les caractères de la joie, en sens inverse; elle actionne le système nerveux pour l'accabler; elle fait appel à la comparaison, à la mémoire pour tout dissoudre ; elle produit la crainte au lieu du désir. Et toujours nos larmes coulent; les larmes de douleur sont plus fortes et plus belles que celles de la joie, de l'amour, de la passion : elles arrivent jusqu'au sanglot, ce spasme amer qui fait l'honneur de l'espèce humaine, car les animaux ne le connaissent pas.

Hélas! j'ai senti la jalousie de Dieu. Elle s'est abattue sur moi; et il ne me reste rien. J'ai tout perdu, j'ai tout vu mourir, je souffre, je ne suis que douleur.

C'est ici que l'art semble échouer. Comment me consoler moi-même? Comment aimer une vie aussi misérable ?

On me dit que, si nous étions plus forts, nous ne souffririons pas : que, plus savants, nous saurions supprimer la souffrance.

Je lis dans des livres que les petits ennuis diversifient la vie et que les grands en font disparaître beaucoup de petits ; que la douleur est un mot, qu'il faut s'élever au-dessus d'elle, ne pas la sentir. Et bien d'autres raisonnements encore !

Mais cela ne me console pas. « Est-ce le bonheur que la patience dans la misère[1]? » Sur le Golgotha même, où la douleur fut glorifiée, j'entends ce cri: « Mon Dieu, pourquoi m'avez-vous abandonné? »

1. Saint Augustin, *Cité de Dieu*, liv. XIV.

CHAPITRE II

LES MALADIES DE LA SENSIBILITÉ

La douleur, pourtant, nous impose la nécessité de nous défendre. Déjà, à propos des faiblesses de la volonté, nous avons senti combien il est nécessaire de réunir en faisceau toutes nos forces physiques et morales.

Il en est de même pour les maladies spéciales du désir (idées fixes, exacerbation du désir, visions optimistes...). A plus forte raison, la synthèse des forces s'impose en face des maladies profondes de la sensibilité elle-même, en face de la douleur, l'ennemie de la volonté et du désir. Ah ! c'est une science ardue que la pratique de cette synthèse ! Mais enfin on nous permettra bien d'en exposer ici quelques principes élémentaires, car elle est essentielle à l'art de la vie. Il y a des moments où la vie se dérobe à tout sentiment aimable, où elle tombe en ruines. Il faut alors un grand effort pour la reconstituer et lui rendre sa capacité de bonheur.

On a tort, en général, de trop séparer la douleur physique et la douleur morale. Il y a deux douleurs, mais ces douleurs sont jumelles, et la science de l'une pourrait être la science de l'autre : elles ont un mécanisme semblable[1], des causes presque identiques, la même physionomie, le même effet. A l'inverse de la joie et du bonheur, qui viennent de l'épanouissement de la vie, de l'amour, toute douleur, physique ou morale, vient d'une restriction, d'une constriction, et elle se traduit par une perte de jouissance physique et morale.

Suivant le caractère apparent du mal dont nous souffrons, nous nous adressons soit à un médecin, soit à un moraliste. L'un et l'autre ne peuvent et ne doivent même nous soigner que partiellement, selon leur compétence. Et, pourtant, comme dit l'évêque Brook, « il n'y a qu'une vie, la vie éternelle », et cette vie synthétique ne peut pas se soutenir par des procédés uniquement physiologiques, ni non plus uniquement moraux, comme le voudraient les « scientistes » américains[2]. Oui, il n'y a qu'une vie : autrement dit, à côté de la pharmacie et de la philosophie, toutes deux infiniment

1. M. Ribot.
2. Mᵐᵉ Bentzon, d'après *The modern expression of the oldest philosophy*, by Katherine Coolidge.

utiles, une autre science doit envisager l'être en son ensemble, dans son équilibre et sa synthèse, et le soigner par les deux côtés à la fois. Appelons cette science « la médecine morale ».

Pour expliquer ceci, prenons pour exemple une maladie mixte, la peur.

La peur, y compris ses multiples variétés jusqu'à la timidité et la paresse (effroi, crainte, tristesse, etc.), est une maladie à la fois physique et morale : une dépression simultanée et réciproque. La volonté subit une sorte de paralysie, l'instinct prend le dessus : physiquement, la circulation du sang se ralentit ; on pâlit, les yeux se fixent, les vaisseaux, resserrés, étreignent le cœur, les muscles s'agitent, l'appareil digestif cède.

Voilà les symptômes généraux. Pour les spécifier, arrêtons-nous à l'une des variétés de la peur : la tristesse, souvent endémique dans les vieux pays. Bien qu'on ait quelquefois célébré la tristesse comme admirable et vanté la mélancolie comme sublime, la tristesse est une maladie de dépression, qui peut venir d'usure personnelle ou de dégénérescence. Même latente, elle s'accompagne d'une déchéance physiologique plus ou moins marquée et d'une déchéance morale non moins remarquable. La sensibilité semble amoindrie, comme si en elle étaient murés certains coins où gisent de vieux souvenirs que nous voulons oublier : des souvenirs tombés là comme un amas de feuilles mortes, et qui ne sont pas encore assez morts pour devenir l'engrais d'une vitalité nouvelle. La mémoire, interrogée, au lieu d'associer des idées, selon son rôle normal, les dissocie. Et encore faut-il se féliciter si la sensibilité et la mémoire fonctionnent mal : elles pourraient ne pas fonctionner du tout. Un homme d'esprit a dit que l'amour se compose de grands mots avant, de petits mots pendant, de gros mots après. Dans ce cas, en effet, la sensibilité et la mémoire subsistent, et ne sont que perverties : la chose rude, c'est le silence.

Quant à la volonté, naturellement, son étiage baisse en conséquence. Et sa faiblesse est souvent le seul indice apparent que nous fournisse la maladie. Il y a beaucoup de femmes vides d'âme et tristes tellement habituées à leur tristesse qu'elles ne la laissent pas paraître et que même elles ne s'en rendent plus compte. Cette maladie les tue; quelquefois, elle tue aussi leur entourage, et, cependant, elle n'a pour symptômes qu'une certaine nonchalance physique ou un certain flottement moral.

Le premier point de la médecine morale, et non pas le plus aisé, consiste à bien diagnostiquer le mal. Et j'ose dire qu'on aurait tort, en pareil cas, de se défier du ministère des femmes. Leur finesse, leur subtilité d'attention, leur bonté les mettent à même, dans la vie presque courante, de saisir au passage bien des petits symptômes décisifs. Et quand même elles ne se soucieraient pas de pousser plus loin la science, rien ne leur est plus facile que de glisser tout au moins un peu de ouate sur les blessures morales qu'elles aperçoivent.

———

CHAPITRE III

LES SOURCES DU MAL

Quiconque fait le mal fuit la lumière.
(Saint JEAN, III, 20.)

La nature du mal une fois admise, reste à en déterminer l'origine. Voici un être triste; d'où vient son mal?

Les physiologistes vont nous montrer ses tares physiques; il respire mal; son cœur, son estomac fonctionnent mal. Ils nous diront que sa tristesse vient de là, et qu'il faut lui rendre du ressort physique.

Oui, en effet, la tristesse morale tient souvent à une atonie maladive, ou à des perturbations dites cérébrales, qui proviennent elles-mêmes de la perversion des organes d'émotion, foie, estomac, entrailles. Tel convalescent, rivé à un ennui stagnant, quoique sans souci, sans inquiétude, ne reprendra sa gaîté qu'avec ses forces. Dans ces cas-là, évidemment, il faut appuyer surtout sur la médication physique.

Il y a de même, en dehors de la tristesse, une foule d'autres défaillances morales à qui on peut reconnaître un caractère principalement physiologique : la mélancolie de certaines jeunes filles, l'engourdissement de l'esprit à certaines altitudes de montagne, la timidité de Napoléon à Waterloo, la paralysie de l'esprit un jour de migraine... que sais-je, mille autres cas !

M. le Dr Bouchard a montré combien la paresse, le défaut d'énergie morale se lient à un ralentissement de nutrition, qui peut en être l'origine. La jalousie est une faiblesse de même nature. Nombre d'agitations tiennent à un défaut de respiration ; le croupier de Monaco a eu l'art de faire fortune en tenant les fenêtres hermétiquement fermées autour des joueurs. Il est bien certain que les états de ce genre se calment par le soleil, le grand air, l'eau froide, etc... plutôt que par de bons conseils. Je n'ai nul avis à donner à M. le Président de la Chambre des députés : toutefois, j'imagine qu'un jour de tumulte il obtiendrait de meilleurs résultats au moyen de vastes courants d'air et, au besoin, par quelques affusions d'eau froide, qu'en agitant sa sonnette, en faisant glapir les huissiers ou en lançant quelques flèches spirituelles.

Mais personne ne contestera non plus que certains états physiques relèvent de causes morales et qu'on ne peut traiter efficacement cer-

taines maladies qu'en insistant sur les moyens
moraux. Cela a toujours été reconnu pour divers
cas classiques, maladies nerveuses, pertes de mémoire, neurasthénies, paralysies ou hystéries
variées, et la science apprendra de plus en plus à
traiter ainsi d'autres diathèses, — le diabète,
par exemple, considéré jusqu'à présent comme
purement physique, — le spleen, qui est une maladie morale, une fatigue d'occupation non aimée...

Il est une cause de faiblesse qui passe pour
incurable : c'est la vieillesse. Assurément, on
ne peut pas changer d'âge, et l'âge modifie terri-
blement l'aspect des choses : à quarante ans, à
soixante ans... on dirait qu'un rideau se lève sur
un acte nouveau... Mais faut-il, pour cela, déses-
pérer du bonheur, et sacrifier l'art de la vie? On
me dira : « Oui, puisque le bonheur consiste dans
le progrès. Si on commençait par la vieillesse et
si l'on finissait par la jeunesse, ce serait à merveille, mais on finit par la déchéance. »

Je répondrai : L'équilibre change, voilà tout, et,
en réalité, la question n'est pas tout à fait mathé-
matique. J'appelle vieux quiconque sent le vide
en soi, jeune, quiconque a une provision d'enthousiasme. Si nous avons su être un peu vieux dans
notre jeunesse, c'est-à-dire ne pas abuser de la
vie physique, nous n'avons, nous autres hommes,
aucun mérite à vieillir, nous ne perdons pas
grand'chose : la jeunesse de notre cœur ne fait

que s'épanouir. Pour les femmes, la question
paraît moins simple. A quarante ans, quelques-
unes prennent un grand parti, elles se mettent à
vivre en hommes. Elles ont bien tort! quelques cheveux blancs n'empêchent pas, même une femme,
d'atteindre à une philosophie délicieuse et efficace. Si nous feuilletons le délicat recueil de nos
souvenirs, peut-être que les noms les plus solide-
ment inscrits ne seraient pas ceux de femmes très
jeunes! Et, en revanche, nous étonnerions quelques
belles dames qui n'ont pas quarante ans si nous
leur avouions que nous les trouvons vieilles parce
qu'elles ont l'âme ratatinée, parce qu'elles sont
faibles, routinières, lasses et que les sources
de vie, chez elles, semblent taries. « O Dieu, qui
réjouis ma jeunesse! » balbutie encore le vieux
prêtre qui s'approche de l'enthousiasme et de
l'idée. Les femmes qu'on préfère sont, au fond,
celles qu'on respecte. Respecter ce qu'on aime,
jouir avec respect, c'est toujours l'art du pur
gourmet. On sauve le désir!

CHAPITRE IV

UN PEU DE PHARMACIE MORALE

> Ce n'est pas l'œil qui voit les beau-
> tés du ciel, ni l'oreille qui entend la dou-
> ceur de la musique, c'est l'âme qui les
> recueille, et qui jouit de toutes les percep-
> tions des sens et de l'intelligence. Plus
> l'âme est noble et excellente, plus ses
> perceptions, et, par suite, ses jouissances,
> seront grandes et délicieuses.
>
> (Jér. TAYLOR.)

Les quelques indications que nous venons de donner paraîtront peut-être un peu arides, bien que tout le monde puisse malheureusement en reconnaître l'exactitude.

Il résulte cette conclusion : que le bonheur en ce monde subit de rudes assauts; le désir aboutit à un rêve de sensibilité que l'âme et le corps ne sont pas de force à supporter : toutefois, l'idée d'art n'est pas détruite, et jusque dans le soin à donner aux maladies la sensibilité entre encore pour une grosse part.

Pour soigner une maladie, il faut d'abord calmer autant que possible la douleur, puis supprimer les aliments physiques et moraux du mal et, enfin, réparer la vitalité générale, de manière à rétablir l'équilibre. En toutes ces matières, si l'on prend garde à la synthèse de l'individu, la sensibilité joue son rôle.

Tout le monde sait que la douleur physique s'endort par des anesthésiques en supprimant la sensibilité locale, ou même la personnalité ; mais il n'y a pas d'anesthésiques permanents. Contre la douleur morale, au contraire, on ne possède pas de chloroforme, et on a des anesthésiques permanents plus ou moins efficaces. De sorte que, dans l'état actuel de la science, on ne peut guère opposer à une douleur que des moyens physiques en vue d'un soulagement immédiat et des moyens moraux pour le soulagement permanent.

Cela tient en grande partie à ce qu'il serait difficile et dangereux de chercher à oblitérer la sensibilité morale, puisque ce serait ajouter à la faiblesse une autre faiblesse. Il faut exaspérer la sensibilité morale pour la sauver d'elle-même, je dirai presque l'enivrer ! Il faut la remplir et l'occuper tellement qu'elle n'ait plus de place pour les impressions qu'on veut détruire : il faut créer un conflit d'impressions, et déchaîner contre l'impression douloureuse d'autres impressions plus violentes s'il se peut. Et, alors, l'acte moral peut déborder jusque sur la nature physique.

Tel soldat ne s'aperçoit pas d'une blessure tant que durera le feu de la bataille.

Il y a des natures très ardentes qui ont eu la force d'agir ainsi à froid sur elles-mêmes. L'amour de Dieu a produit des merveilles chez les martyrs. François d'Assise, d'après le récit de saint Bonaventure, subit en souriant une opération très douloureuse, en substituant à la souffrance l'amour passionné de Dieu. Le duc d'Urbin, l'aimable ami de Raphaël, se soutenait dans son agonie par de belles tirades de Virgile.

Il est bien évident qu'aucun raisonnement ne prévaut contre la douleur. La sensibilité seule peut l'adoucir ou aider à la supporter : tellement qu'on peut formuler cet aphorisme : Heureux ceux qui savent jouir, parce qu'ils savent souffrir !

On s'est aperçu récemment de cette vérité, et, en Russie, en France, quelques physiologistes ont eu l'idée d'utiliser pratiquement la musique pour produire chez certains malades une détente physique et morale. Ce système n'est pas nouveau : on le trouve chez les Grecs, chez les anciens Mexicains : il a fleuri aussi dans tout le moyen âge. François d'Assise, qu'on peut toujours citer, pliait un jour sous le poids de douleurs diverses : il lui arriva d'invoquer la musique « pour ranimer la joie dans son esprit » ; mais sa propre règle lui en interdisait la jouissance : la nuit suivante, il crut entendre la mélodie des anges, et il revint à la vie[1].

---

1. Sa vie, par saint Bonaventure.

Memling, Carpaccio et bien d'autres représentent les martyrs soutenus dans leurs tribulations physiques par une musique céleste. La duchesse d'Orléans, mère de Louis XII, au moment de ses couches, qui étaient pénibles, faisait ranger ses musiciens autour de son lit... Tout le monde a pu faire l'expérience que, dans un moment d'angoisse, un chant élevé et religieux apporte un vrai calme.

Les journaux racontaient, il n'y a pas longtemps, que, par suite du naufrage d'un lougre nommé *Stella*, un canot plein de femmes flottait la nuit dans l'Océan, sans voile, sans avirons... Une cantatrice eut l'idée et le courage de soutenir le moral de ses compagnes par des chants religieux tirés d'Hændel...

Le second degré de la cure consiste à supprimer les aliments permanents de la douleur. Pour la partie morale, c'est une véritable œuvre de restauration chirurgicale. Il est nécessaire d'attaquer, d'effacer les parties détériorées : la mémoire, la comparaison. L'instinct nous y aide : une perte de mémoire (*Amnésie*) suit volontiers les émotions les plus rudes. L'oubli, l'ignorance de l'avenir, l'isolement, voilà les points de départ pour refaire, réenfanter un être. Il s'agit de s'emparer de lui tout entier, aussi complètement que possible, de manière qu'une vie entoure la sienne, la porte, la reforme, jusqu'au jour où il renaîtra.

Nous n'avons pas encore de méthode très sûre
pour administrer l'oubli.

Nous savons seulement qu'il ne faut pas tuer la
mémoire, ni même trop l'endormir, parce qu'un
souvenir de la douleur doit rester, pour constituer le bonheur : « L'état de rédemption vaut
cent fois mieux que l'état d'innocence », a dit
excellemment saint François de Sales, peut-être
pas au point de vue moral, mais certainement au
point de vue esthétique, puisque le bonheur naît
du progrès. Il faut donc ne point briser la base
douloureuse de toute vie : seulement, au souvenir
douloureux, il faut peu à peu substituer l'idée de
choses aimées, et ne pas perdre de vue que, comme
disait le médecin Briquet, le véritable traitement
des maladies morales, c'est, en définitive, leur
guérison, c'est-à-dire le bonheur. Le passé une fois
délesté, on reprendra donc la vie en sous-œuvre,
suivant les principes que nous avons exposés.

Sur mille maladies morales, neuf cent quatre-
vingt-dix-neuf se caractérisent foncièrement par
un état d'âme positiviste et une perte d'illusion.

Peu à peu ressuscitez l'illusion, puis l'amour,
puis l'activité morale. Avec quelques massages et
quelques frictions, on administrera un peu d'enthousiasme.

Ceci s'applique aux maladies d'origine morale.

Quant aux maladies morales qui ont une ori-
ne physique, le traitement moral, quoique devenu

subsidiaire, a aussi son importance. Tout le monde sait combien il importe de rasséréner les malades et de leur rendre l'amour de la vie, le désir, l'espérance, la confiance.

A la guerre, les blessés de l'armée vaincue meurent deux fois plus que ceux de l'armée victorieuse. Un malade qui se croit guéri a beaucoup fait pour sa guérison. Le Dr Padioleau[1] raconte le cas d'une dame entièrement guérie qui retomba malade, en apprenant qu'on l'avait bernée par de fausses ordonnances. A Vichy, station d'eaux d'une puissance certes admirable, un vieux médecin m'a souvent répété que la foi des malades était de ses principaux instruments de guérison.

Une secousse peut être nécessaire. Une vive émotion, d'amour, de joie, de peur... transforme un malade. On a vu des paralytiques se sauver dans un incendie, des malades ressusciter par le retour d'un être aimé, par le gain d'un procès... les exemples pullulent ! Un ancien médecin de Montpellier, M. de Beauchêne, dans son livre *De l'Influence des affections de l'âme sur les maladies nerveuses des femmes*, publié en 1781, citait des observations qui paraissent aujourd'hui bien curieuses : une femme française tout d'un coup sortie de catalepsie en entendant dire qu'elle peut épouser son bien-aimé : une Turque, parce que le

---

1. *De la médecine morale dans le traitement des maladies nerveuses.* Paris, 1864

médecin la menace tout haut d'une pratique physique jugée alors indécente; une dame atteinte d'hémorrhagie, à qui son médecin dit brusquement : « Quoi donc! ça! Je vais être obligé de vous saigner! » Comme cette dame était un peu naïve, aussitôt l'hémorrhagie cesse.

On a presque ressuscité des morts! Rappelez-vous cette pauvre reine d'Angleterre, abandonnée des médecins, qui faisait au roi, son mari et son amour, des adieux touchants :

« A ces mots, elle lui arrosa les mains de quelques larmes, qu'il crut les dernières. Il y joignit les siennes ; et, sans s'imaginer qu'elle dût le prendre au mot, il la conjura de vivre pour l'amour de lui. Jamais elle ne lui avait désobéi : et, quelque dangereux que soient les mouvements soudains quand on est entre la mort et la vie, ce transport de joie, qui devait lui être fatal, la sauva; et cet attendrissement merveilleux du roi fit un effet dont tout le monde ne loua pas également le ciel[1]. »

Au fond, la vraie infirmité de tous ces malades était une faiblesse de volonté. Il fallait que leur volonté reçût un coup de fouet. Puisqu'ils ont été guéris par une émotion, raisonnablement ils auraient pu se guérir eux-mêmes. Mais non : ils attendaient le motif de vivre, l'émotion.

---

1. Hamilton.

Rien ne vaut donc le rappel de la sensibilité morale, même pour certaines maladies physiques.

Quelques personnes ont grande foi dans le travail.

Certainement, le travail physique et moral est un parfait procédé d'hygiène. L'exercice physique éclaircit les idées; et la culture d'esprit produit d'admirables longévités, elle confère même au corps une sorte d'immunité : « Prenez un lutteur nègre, et la plus languissante des grandes dames de Paris, l'un et l'autre exposés à la même contagion ; c'est sur le nègre que pullulera le bacille de la tuberculose ou le virgule du choléra[1]. »

Le travail a cela de précieux et d'exquis qu'il développe la vie personnelle et qu'il isole. C'est comme une chartreuse qu'on se crée au milieu des contagions physiques, une forteresse au milieu des défaillances morales. Mais s'imaginer qu'il guérit de tout, ce serait une grande présomption.

Dans les états de fatigue ou de dépression, qui sont si nombreux, le besoin d'activité répond quelquefois à une sorte d'agitation mécanique, qu'il n'y a pas lieu d'entretenir. On rendrait, n'est-ce pas? un très mauvais service à un fiévreux en lui donnant du beefsteak au lieu de quin-

---

1. D' M. de Fleury.

quina ! Et, précisément, le grand inconvénient de
la raison pure, ce qui prouve bien qu'on ne peut
pas faire uniquement fonds sur elle, c'est qu'au
premier assaut de la douleur elle nous refuse
son aide, et qu'elle nous laisse en tête à tête avec
la sensibilité.

CHAPITRE V

L'AMOUR PAR LA DOULEUR

> L'amour n'est jamais oisif ; mais, s'il existe, il opère de grandes choses : si, au contraire, il refuse d'agir, ce n'est plus l'amour.
>
> (Saint Grégoire.)

> C'est une grande chose que l'amour si on le ramène à son principe, si on le fait remonter à son origine, si on le retrempe dans sa source, et s'il y puise sans cesse tout ce qu'il lui faut pour couler sans interruption.
>
> (Saint Bernard.)

A partir de cette maladie, j'ai réparé mon âme : « Nul ne se connaît, tant qu'il n'a pas souffert[1] ! » Je vous le demande, de quel prix est, aux yeux de l'homme qui va peut-être mourir dans une heure ou de l'homme qui vient de perdre tout ce qu'il aimait, l'idée de son tailleur, de ses relations, de mille glorioles ?... Ensuite, la vanité reste cassée, mais le cœur ne fait que refleurir. Nous devenons tendres, calmes, grands ; la passion se résout en tranquillité, en douceur : autour de nous, d'un œil clair, nous voyons l'abatis des choses : le senti-

1. Musset.

ment d'une vie nouvelle, métaphysique, se précise...
Tôt ou tard, il faut que nous mourions ainsi pour
ressusciter. Notre cœur fragile semble se briser,
mais c'est pour se remplir à nouveau d'un amour
plus large, d'un amour de charité. La fleur se fane,
mais pour devenir une fleur double. Le célèbre
Savonarole se fit moine par suite d'une grave
maladie morale, d'un désespoir d'amour ; Emilio
Castelar ajoute : « Il crut que c'était la mort qu'il
recevait, quand, à vrai dire, c'était l'immortalité... »

Me voici convalescent, plein d'une joie tendre
qu'a produite la douleur. Je me sens d'autant mieux
supérieur à la fortune que je me trouve plus faible ;
et comment ne triompherais-je pas avec modestie, en voyant que ce flambeau de la vie, encore
vacillant, fragile, est tenu par une main autrement
robuste que la mienne ?...

Alors, une sorte de grâce divine entoure de
charme et de joie notre renaissance. Non pas que
la fatigue ou la faiblesse devienne bonne, mais
puisqu'on n'est heureux que par comparaison, que
par progrès, il y a un ragoût délicieux à se sentir
naître, puis progresser, à préparer l'activité future :

« Et l'on redevient doux de la toute-douceur !
La maladie est à ce point anémiante
Qu'on prend un air de première communiante,
Qu'on prend, au lieu de son cœur d'homme, un cœur de fleur,
Un cœur de nénuphar dans une ville morte[1]... »

1. Rodenbach.

Ou, plutôt, l'âme, fumeuse encore, flotte et s'élève dans la mer vivante du ciel ; elle s'en va emportant les fumées d'en bas, languissamment ; elle semble se perdre dans la clarté.

Autrefois, l'atelier de réparation des âmes ne se trouvait pas seulement à l'hôpital : on le voulait en plein soleil, ou sur un sommet, en quelque haut monastère, nid de pensée, forteresse inexpugnable, hôpital de l'âme, riant, étincelant : Mont Cassin, la Cava, Mont Athos, Mont Saint-Michel... combien d'autres, presque à chaque cime ! L'envolée humaine, si facile à briser, avait trouvé, pour se refaire, ce que nous cherchons très laborieusement et ce qui est très simple : richesse d'âme et pauvreté de corps ! la chair non méprisée, mais gouvernée, et l'âme libre ! le cilice là où nous mettons le gant de crin et les masseurs ! la prière au lieu de la douche. Et ces remèdes agissaient, étant aimés, aimés d'une suggestion permanente et perpétuelle. C'était, avec la science adorable et parfaite de l'oubli, le calme robuste du présent, l'espérance ferme pour l'avenir ! la place au ciel au lieu du numéro d'un lit.

Tout cela est fermé, assurément, détruit, remplacé. Mais rien de tout cela ne se détruira, ne se remplacera.

Il m'arriva, un matin, d'entrer à Notre-Dame-des-Victoires. L'église était sombre : quelques cierges fumaient sans éclairer. Seul, dans la pénombre, un

profil marmoréen de femme portant son fils, maternité éternelle, s'estompait, presque timidement, sur
un autel. Mais, dans le temple entier, tout le long
des murs, que d'hiéroglyphes de la vie ! Mille ex-
votos à lettres d'or, les uns voilés et anonymes, les
autres tout en sourire : Merci de la santé recou-
vrée ! Merci de la vie ! Merci d'un examen ! Merci
d'une affaire ! Étranges lueurs de prière, fumées
de terre léchant ces murailles mystiques comme
fit jadis le pétrole de la Commune ! Et constamment des demandes de santé, de joie, d'examens !
la science, l'argent même, appuyés sur la foi. Il
existe donc encore une confiance terrestre dans le
bonheur ! Qu'un fils soit bachelier, reçu à Saint-
Cyr ou à Polytechnique, qu'importe vraiment aux
êtres divins ? Mais oui : ici, entre la place de la
Bourse et la Bourse du Commerce, on a positivement
rêvé d'une Bourse du bonheur. Et moi qui entrais,
plein de vie, et pourtant mendiant d'amour, que
trouvé-je à ces murs ? Une supplication immense
à Dieu de pouvoir se passer de lui ? Car, si ces
gens avaient ce qu'ils demandent avec tant de véhé-
mence, s'ils étaient bacheliers ou Saint-Cyriens, ou
simplement bien portants et tranquilles, quel
besoin auraient-ils de Dieu ? Quelqu'un me répondit tout bas : « Cette soif de bonheur, c'est précisément l'appel de Dieu. » Notre désir a besoin de douleur, parce qu'il faut qu'il arrive à la prière. Et alors
apparut très clairement, à ce qu'il me sem-

blait, la trame générale de tout l'art de la vie.

Les platoniciens parlaient autrefois de deux amours, ou, pour mieux dire, de deux degrés d'amour : le terrestre et l'idéal, la prose et les vers, le sensuel, issu du contact primitif des corps, et l'épuré, mélange des âmes, issu du travail de l'esprit. L'art consiste à passer de l'un à l'autre ; mais, de plus, il nous mène à un troisième amour, qui est la communion dans l'Universel. Les sensuels, les idéalistes, les purs mystiques ne connaissent qu'un seul amour, qu'ils isolent des autres. En réalité, le cœur humain passe naturellement par ces trois amours, à peu près comme l'eau d'une cascade devient une rivière, puis, s'unissant à une autre rivière, devient un fleuve, puis, enfin, va s'unir à la mer...

La douleur est nécessaire pour la troisième étape.

La douleur est un mal !

Et, cependant, il faut reconnaître qu'elle épure l'amour terrestre, qu'elle nous le rend ; le bonheur deviendrait bien facilement étroit, égoïste, présomptueux ; il oublie bien vite que l'amour naît d'un partage, d'un abandon, d'une confession... Or, quelle confidence est plus tendre et plus profonde que celle de la douleur ? Quelle espérance plus commune ? Quel soupir mieux partagé ?...

Souffrir avec quelqu'un qu'on aime, c'est réellement le posséder.

Victor Hugo a délicieusement peint le délice
d'un aveugle à être entouré d'une femme aimée, à
percevoir le frôlement de sa robe, à ressentir la
nécessité de sa douce présence[1]. C'est la loi supérieure du monde que la mère se dévoue à l'enfant et que l'enfant, devenu homme, se dévoue
ensuite à sa mère, devenue vieille et faible. Voilà
bien la règle : l'amour ayant pour effet qu'entre
deux êtres l'un prête à l'autre son activité et sa
force... Un malade dans vos bras a quelque chose
d'un enfant. Son affection pour vous devient si
pure qu'elle peut s'exprimer tendrement. Et vous,
son amie, élevant votre attachement jusqu'à la charité, vous laissez votre cœur s'ouvrir, se dilater
délicieusement, et devenir plus fort. L'amour, en
ce qu'il a pour ainsi dire d'éternel, s'épanouit
dans cette purification par le dévouement. Un lit
de souffrance prend un aspect d'autel. La jeune
malade qui nous regarde de ses yeux confiants,
tendres, n'est-elle pas aussi belle et bien autrement touchante que celle qui saute dans un
bal ?

De même pour les souffrances morales. Il y a
une douceur extraordinaire à voir s'ouvrir l'âme
qu'on aime, à se mêler à son être. Edgar Poë prétend
avoir connu un enfant qui s'assimilait les pensées
des gens en se mettant en eux, c'est-à-dire en don-

1. Cf. Guyau, *L'Art au point de vue sociologique*, p. 247.

nant à son visage l'expression du leur. Ainsi faut-il agir : « Une âme ne s'observe pas du dehors, mais du dedans : pour la connaître, il faut entrer en elle, s'identifier avec elle, la pénétrer [1]. »

Ressentir ensemble, aimer ensemble, souffrir ensemble, c'est la sympathie « σὺν-παθεῖν ». Darwin soutient même que, pour les douleurs d'autrui, on pleure plus largement et plus abondamment que pour les siennes propres.

La vraie formule de l'amour, c'est la supplication du *Stabat* : « O Mère, source d'amour, fais-moi sentir ta douleur, fais-moi pleurer avec toi! fais-moi porter la mort du Christ, partager sa Passion, me rappeler ses plaies ! que je sois blessé de ses blessures, que je m'enivre de la croix pour l'amour de ton fils ! » Voilà l'art suprême : ne pas nier la douleur, ne pas se borner à la soigner, la partager !

Heureux donc celui qui a le don de recevoir des confidences, de partager des douleurs! Que de maux, même physiques, on peut déjà guérir, simplement par leur aveu !

Le médecin était venu, il avait vu un état nerveux, un estomac capricieux, un foie malade... Un autre médecin était venu; il avait vu les mêmes choses, et tout cela provoquait des diagnostics vagabonds. A la Salpétrière, où l'on reçoit

---

1. M. Souriau.

tant de malheureuses détraquées, il faut imposer
la confession obligatoire. Et comme, même dans
ces pitoyables états, les malades n'aiment pas
avouer l'idée ou le fait (fût-il insignifiant) qui les
secoue subtilement, on recourt parfois à la confession hypnotique, pendant laquelle l'intellect
sans défense répond presque automatiquement.
Puis, à la confession physique...

Mais, seule, la confession aimée, volontaire,
spontanée, naturelle, peut soulager par elle-même,
et consacre, de malade à guérisseur, le lien d'affection, de confiance qui permet d'établir la synthèse du mal. Quand on aime vraiment quelqu'un,
on ne se le représente pas seulement par ses côtés
beaux : on a un désir de lui trouver quelques
côtés faibles, par où on puisse intervenir dans sa
vie et prendre une partie de sa charge. Et ainsi
mûrissent les affections substantielles, comme le
fruit mûrit sur un arbre aux feuilles jaunes,
comme la rose naît sur des épines, comme le
rossignol chante sur un buisson. Que de fois, par
exemple, entre un mari et une femme divisés ou,
tout au moins, indifférents, la souffrance crée
ainsi le lien, de pitié, puis de tendresse, d'où
renaît l'affection! Quant au vrai amour, l'épreuve
le transforme. Soyez malheureux : vous per-
drez des amis peu regrettables. Mais un vrai
sentiment s'accroîtra, et on peut toujours se
demander si l'amour est solide tant qu'il n'a

pas été scellé par des larmes, car il aime
l'épreuve. Quand tout va bien, il se perd, il se
gaspille; il meurt de plaisir, il vit de peine. Et
c'est par là qu'il grandit et apparaît comme la
nécessité même de la vie. Si nous avions constamment la paix et la tranquillité, nous pourrions en effet ne pas aimer : mais nous ne pouvons
pas ne pas souffrir, et alors un grand besoin nous
prend de ne pas nous laisser écraser par les amer-
tumes, les chagrins, les soucis, les douleurs, de
lutter contre eux à armes supérieures. Voici la
porte du ciel.

L'art de la vie a pour but de mêler l'amour à
la souffrance[1]. Notre vie, hélas! ressemble à une
vendange, qui n'est jamais finie. Passez, divines
vendangeuses pour tirer de nous l'alcool, l'esprit,
le suc du fruit, et rejeter la graine! C'est à l'heure
où nous nous sentons pour ainsi dire tomber de
l'arbre de vie que vous pouvez nous prendre et
nous amener à ce bel état douloureux d'où naît
une vie épurée.

« L'âme qui aime et qui souffre est à l'état
sublime[2]. »

« Heureux les pauvres en esprit!...

« Heureux ceux qui pleurent!...

---

1. Coleridge peint fort bien son découragement le jour où il se
demande si, tout le monde étant riche et libre, les plaisirs n'étant
plus relevés par la lutte et la privation, on serait heureux, et qu'il
répond non.
2. Victor Hugo.

« Heureux ceux qui sont doux !...

« Heureux ceux qui ont faim et soif de la justice !...

« Heureux les miséricordieux !...

« Heureux ceux qui ont le cœur pur !...

« Heureux les pacifiques !...

« Heureux ceux qui souffrent persécution pour la justice [1] !... »

Heureux les sensibles, même quand ils souffrent !

1. Saint Matthieu, ch. v.

CHAPITRE VI

LE JARDIN DES ROSES ET LA VALLÉE DES LARMES

> La vie n'est qu'un hochet, sans
> le chagrin qui la rend grave.
> (CHATEAUBRIAND.)

J'oserai même aller plus loin, et, m'adressant à des femmes, je les prends à témoin que la douleur en soi peut être aimable, qu'on peut aimer certaines douleurs si on les sent fécondes.

O femmes, nous tendons vers vous notre âme et nos mains énergiques ! Nous avons travaillé et peiné : nous voici exténués et las. Notre cœur seul reste jeune ! tendez-nous votre petite main ! C'est vous qui êtes nées pour souffrir, et aussi pour faire souffrir, et aussi pour consoler. Vous en qui s'opèrent les transformations de la vie, vous, gardiennes de nos joies et de leur fruit, vous, notre faute et notre rédemption, vous représentez la divinité de la douleur. La douleur, pour nous, c'est une loi rude : elle nous irrite et nous impatiente. Mais vous, vous avez le secret merveilleux d'une douleur utile, aimée, maternelle. La douleur nous abat, elle vous féconde. Notre faiblesse est digne de pitié, la vôtre est forte, ou, du moins, elle crée votre force ; nous vivons pour nous, et vous pour d'autres ; notre honneur est d'agir, le vôtre de souffrir. Le monde entier sort de vos larmes ; c'est comme le lange où s'enveloppent éternellement nos faiblesses. Vous nous rachetez, parce que nos faiblesses physiques et morales retentissent en vous. Vous êtes l'hostie du sacrifice. Vous payez pour tous : pour vous, pour vos maris, pour vos enfants.

Si vous avez un enfant souffreteux, à lui vole votre cœur : ses douleurs sont spécialement à vous. Il faut être heureux et n'avoir besoin de rien pour échapper à votre douce affection. Votre douceur va jusqu'à la mort, même la vôtre : « Madame fut douce envers la mort... » L'une d'entre vous écrivait à saint François de Sales que peu lui importait « à quelle saulse » Dieu la mettrait. La vie matérielle a beau vous stigmatiser, vous frapper dans les derniers retranchements de votre chair, faire litière de vos sentiments, vous assujettir à des infirmités pénibles, à des servitudes douloureuses, vous fleurissez sur ce fumier ! Votre sérénité domine encore cette misère ! Et il vous semble même que votre lampe brûle plus clairement en consumant tout ce que vous étiez. « J'ai de bonne heure senti le besoin que les femmes ont d'être raisonnables », disait Mme de Lambert. Quel mot cruel et profond ! Sur votre chaise

longue, vous vivez d'idées. Vous n'avez plus de
jambes, mais il vous reste des ailes ! Votre cœur
a des clartés qu'aucun scalpel ne touchera jamais
et qu'aucune main humaine n'éteindra ! « Soutenir
les tribulations, c'est la force ; s'en réjouir, c'est
la sagesse[1]. »

Et ainsi il arrive que de la douleur même vous
faites un art, car il arrive que vous l'aimez pour ce
qu'elle vous procure, que vous courez à elle,
comme à une providence. Dans les cruels passages
de la maternité, vous criez parfois « qu'on ne vous
y reprendra plus », et on vous y reprend toujours !
Le destin vous traite à la serpe, et cependant la
douleur vous ramène à vos joies. « Si l'on n'a pas
souffert, on ne connaît pas l'amour[2]. » Et, en effet,
malheur aux femmes que nous ne connaissons
que par le plaisir ! sans la douleur, nous ne les
respecterions pas ; il n'y aurait pas contact entre
le rêve et la réalité ; elles ne seraient ni nos
mères, ni nos femmes, ni de vraies et chères amies.
Tandis que, sachant souffrir, ayant le don des
larmes, vous pleurez bien avec ceux qui souffrent,
vous savez soulager ! votre instinct se révèle dans
votre talent à retrouver, par la douleur d'autrui,
la pitié, la bonté, ces formes primitives de
l'amour !

1. Saint Bernard.
2. *Imitation de Jésus-Christ.*

CHAPITRE VII

« TOUTE VIE A SON ROMAN ET SON HISTOIRE [1] »

> Beauté sainte, Idéal qui germes
> Chez les souffrants,
> Toi par qui les esprits sont fermes
> Et les cœurs grands !
>
> (V. Hugo.)

> Celui qui aime beaucoup est rempli de Dieu.
>
> (Saint Augustin.)

> L'amour infini est la source du moindre acte d'amour, et, quand nous aimons de toutes nos forces, nous sommes en Dieu et unis avec Dieu.
>
> (Le P. Isaac Hecker.)

> C'est avec les vertus naturelles qu'on fait les vertus surnaturelles.
>
> (Ireland.)

Si l'amour est la substance de la vie et si notre bonheur consiste en un progrès vers la vie, le bonheur que nous devons nous créer à nous-mêmes au sortir des épreuves consistera à mettre finalement dans la vie l'amour le plus grand, le plus inépuisable, le plus intarissable : c'est-à-dire, avec l'amour humain possible, un grain d'absolu ou

---

1. Le P. Gratry.

d'idéal, un amour plus fort que l'existence matérielle, cette semence de liberté et de grâce que
M. Fouillée a si bien dénommée « une anti-
cipation de la liberté future ». De même qu'à
l'état primaire il n'y a guère de milieu entre
l'alcoolisme et l'enthousiasme, ici non plus il n'y
en a guère entre le suicide et la confiance en
Dieu.

Nous avons besoin d'une vie future, parce que,
sans cette vie-là, nous ne pouvons réellement
vivre, parce que nos idées de bonheur se rapportent, en définitive, à une existence que nous
n'avons pas, et parce qu'il nous faut remettre
au lendemain bon nombre de nos besoins
d'âme.

Ceci n'est pas une théorie : c'est une vérité
expérimentale. L'aveu qu'on ne peut bien vivre en
ce monde sans la confiance en un idéal se trouve
sous toutes les plumes. Et je ne parle pas, bien
entendu, des témoignages chrétiens, de Bossuet ou
de Fénelon, ni des quasi-chrétiens, comme M. Re-
nan; mais de M. Auguste Comte, d'après lequel « le
supérieur domine l'inférieur », de M. Émile Zola,
expliquant, avec raison, à la jeunesse des écoles,
que le positivisme restreint trop l'horizon, puisqu'il s'arrête aux vérités matérielles.

Les hommes politiques les moins suspects ont
proclamé la nécessité d'un amour suprême comme
viatique dans les luttes de l'existence et comme

élément de supériorité morale[1]. Le dernier mot de la vitalité humaine, c'est d'aimer des biens supérieurs[2], et de les aimer avec une telle force, un tel entraînement, « qu'on ne peut rien aimer en dehors de ce qu'on aime vraiment[3] ». Avec ce secret-là, on arrive à ne plus même comprendre la mort.

Si l'idéal était une chimère, il faudrait l'inventer. Mais la réalité vraie, c'est la pensée, et l'idéal s'y trouve immédiatement, puisque le désir fait partie du bonheur. Nos sentiments partent sans cesse par une haute échelle, comme celle du rêve de Jacob : ils montent et descendent, ils nous unissent sans cesse à je ne sais quel mystère... Il se peut que la raison recule devant ce mystère, qu'elle le nie parce qu'elle ne peut le saisir : mais la sensibilité en remplit notre âme, et, suivant une splendide expression de Claude Bernard, elle nous apprend à « nous bercer au vent de l'inconnu dans les sublimités de l'ignorance ». Toute âme a des ouvertures mystérieuses, qui sont un gage de vie, parce qu'elle respire et s'aère par là : c'est comme la fenêtre d'une mansarde, ouverte sur un immense horizon que l'œil ne peut embrasser ; pourquoi l'habitant

---

1. « Avoir un idéal, c'est avoir une raison de vivre. » (M. Léon Bourgeois, *Discours au grand Concours*, 1891.) — M. Luzzati, *Éloge de M. Gladstone à l'Académie des sciences morales et politiques.*
2. Saint Augustin.
3. Saint Bonaventure, *Itinéraire de l'âme à Dieu.*

de la mansarde tiendrait-il à honneur de vivre
sans respirer, sous prétexte qu'il ne sait d'où vient
l'air, ou sans rien regarder, sous prétexte qu'il ne
peut pas tout voir et qu'il n'a pas le dernier mot
de ce qu'il aperçoit?

Le ciel que vous apercevez ne dépend pas de
vous, c'est vrai; mais il ne détruit pas votre vie,
au contraire, il s'y superpose, il la nourrit. L'amour
de l'idéal ne détruit pas les sentiments humains :
il s'y superpose, il les nourrit, il les élève. « S'aimer, c'est vouloir son bonheur; s'aimer, c'est
aimer Dieu[1] », disait saint Augustin. Une femme
d'infiniment d'esprit, la marquise de Lambert, a
délicieusement traduit cette philosophie : « Rien
ne rend plus heureux que d'avoir l'esprit persuadé et le cœur touché... Tout part du cœur, et
tout va à Dieu... » Le sentiment brille dans notre
nuit éclatante, comme une étoile infatigable. Si
tant de vies flottent à l'aventure, si tant d'hommes
manquent de boussole, de direction dans la joie, de
force dans le malheur, c'est qu'ils ne regardent pas
l'étoile. Voilà pourquoi Michelet, plein de confiance
dans le progrès humain, a pu écrire qu'un jour « le
monde serait enlevé dans un souffle de Dieu ».

En somme, tout grand amour humain a un
caractère divin, et, à ce titre, il rend un homme
supérieur et invincible. Il correspond au carac-

---

1. Saint Augustin.

tère de la religion chrétienne, qui est, non pas d'annihiler, mais de garder, de gouverner, de diriger et de développer nos facultés. L'homme régit, sans se laisser souiller, les choses humaines[1]. Voilà la loi et les prophètes[2], et, finalement, « tout est bon pour ceux qui aiment Dieu[3] ».

Le cœur devient stable et fixe, le travail, modeste, et plein d'amour, devient un travail de bénédictins. « Soutenez-moi avec des fleurs, disait déjà le *Cantique des Cantiques*, fortifiez-moi avec des fruits parfumés ! » L'idée de Dieu est bien l'objet « où se réunit tout amour[4] », la beauté absolue qui n'est cause des choses que par l'amour qu'elle met en elles[5], l'origine et le but de l'amour, que nous versons sur les créatures ou que nous en recevons, l'idéal d'amour, « persuasif plutôt qu'impératif[6] ».

Quelle n'est point la force d'une sublime vision qui, nous montrant ce qui est, et rejetant dans l'ombre ce qui doit occuper le second plan, enveloppe d'un tissu d'or les réalités de la vie, et ne nous inspire que courage, force, ardeur, enthousiasme? J'appelle idéal cette vision, ce roman de la vie.

---

1. Saint Paul.
2. Saint Mathieu, XXII, 37-40 ; saint Marc, XII, 30.
3. Bossuet.
4. M. Ribot.
5. Platon, Aristote, Ravaisson...
6. M. Fouillée.

CHAPITRE VIII

LA BOURSE OU LA VIE

> Évitez les dilatations de l'estomac, qui peuvent exciter la concupiscence.
>
> (Saint BERNARD, *Serm.* 65, *sup. cant.*)

> Pauvreté, grande monarchie, tu as le monde en ton pouvoir, car tu possèdes le souverain domaine de tous les biens que tu méprises.
>
> Pauvreté, science profonde ; en méprisant les richesses, autant la volonté s'humilie, autant elle s'élève à la liberté.
>
> Pauvreté gracieuse, toujours en abondance et en joie !
>
> (JACOPONE DE TODI.)

> La vie est comme un fleuve profond. Ceux qui ne portent rien le traversent bien. Ceux qui chargent leurs épaules se noient.
>
> (*Fioretti di s. Francesco.*)

> Il y a dans la vie de l'immense majorité de nos contemporains l'erreur fatale que plus on possède, plus on jouit. Nos libertés extérieures, civiles, augmentent sans cesse ; mais, du même pas, nos libertés intérieures s'en vont ; combien n'y en a-t-il pas qui sont à la lettre possédés de ce qu'ils possèdent !
>
> (Paul SABATIER,
> *Saint François d'Assise*, p. 14.)

Faut-il donc se perdre dans les nuages et négliger la vie, ou, par exemple, l'argent qui en est l'instrument ?

Certes, non. L'argent, par lui-même, n'est rien, mais il vaut ce que vaut la vie à laquelle on l'emploie. Je ne pense pas que le malheur regarde

plus à toucher le Monsieur qui dort dans son
sleeping que le chauffeur du train ou le canton-
nier de la voie. Mais enfin, la misère n'est pas un
bien, et le Christ lui-même eut pitié des gens à
qui manquait un vin de dessert pour le jour de
leurs noces.

L'argent est donc bon, s'il est une monnaie
d'amour, et non de parasitisme, s'il n'empêche pas
un officier de se faire tuer, un prêtre de se
dévouer : s'il sert. Mais s'il commande, si on
l'aime, si on en est fier, si on croit que tout lui est
dû et qu'il ne doit rien, s'il rend impertinent, s'il
sépare les hommes par villes et par quartiers, il
mérite les haines qu'il excite.

Vive la pauvreté et vive la richesse! Vive ce qui
vit, ce qui a une raison d'être! Vive le berger ami
de son troupeau, et le troupeau ami du berger!
Vive le capitaine et vivent les soldats! puisque,
ensemble, ils aiment la même chose : la patrie!
Mais toute âme vraiment chrétienne aura l'aris-
tocratique ambition de figurer dans la vie par
elle-même, et non par des moyens empruntés.

L'argent, aujourd'hui, se montre tyrannique.
C'est la seule force agissante. De tout temps, il a
eu des rudesses semblables; seulement on a fait
disparaître les contrepoids qu'il trouvait dans les
mœurs, dans les idées.

L'intérêt fausse tout, non seulement la sensibilité, mais aussi et surtout l'esprit de justice et

d'honnêteté. Je, ne suis certes pas socialiste, le
socialisme actuel me paraît un contre-appétit,
plutôt qu'un contrepoids ; de plus, je crois fermement que la vie a pour base absolue l'individualisme. Mais enfin, quand on a de quoi vivre, il
faudrait s'estimer heureux, regarder plus haut,
vers l'universel, et donner à son existence un autre
but. Nous avons tous des dilatations d'estomac.
Nous digérons trop, et nous ne respirons pas
assez. Voilà la grosse erreur à détruire. Il y
aura toujours de grandes fortunes, et elles rem-
plissent un office social : toutefois, au point de
vue esthétique, il serait peut être utile de tendre à
les maintenir autant que possible, comme un dépôt
social, dans des mains traditionnellement habituées
à les manier sans s'en laisser accabler. Il est bon
qu'on voie quelqu'un vivre plus haut que l'argent,
et que les tarifs de la vie.

Nous ne manquons pas d'argent, mais nous manquons d'hommes sachant s'en servir et en justifier
la possession. Les reines du temps, les héritières,
devraient bien, en achetant leur mari, exiger qu'il
se soit montré homme, digne de sa pauvreté et,
par conséquent, de leur richesse !

Aimons l'argent, c'est-à-dire aimons qui le produit. Aimons les hommes qui travaillent pour
vivre, aimons-les non par pitié ou par devoir,
mais par estime, parce qu'ils sont de vrais
humains. Pardonnons-leur notre fortune. Leur

vie, à ceux-là, n'est pas compliquée! Le besoin
seul les a tourmentés, et cela rend l'âme grave.
La gêne, installée à leur chevet, ruina souvent
leurs forces, détruisit leur courage, les enlisa
dans les matérialités. Où pourraient-ils se réfu-
gier, sauf en eux-mêmes? Et, s'ils se trompent,
s'ils sont malades, fatigués, c'est de leur propre
vie qu'encore ils tirent de quoi se relever, de
quoi marcher! Ah! la grande école de force[1]!...
C'est là que nous avons à porter l'amour, le pardon, l'espérance! Mais comment estimer l'homme
riche qui ne songerait qu'à grossir son pécule et
qui n'agirait que dans ce but!

1. « Regardez-moi; je suis sans patrie, sans maison, sans bien,
sans un esclave, je couche sur le sol, je n'ai ni femme, ni
enfants, ni rentes, mais seulement la terre et les cieux, et un
pauvre manteau. Et qu'est-ce qui me manque? Ne suis-je pas
sans chagrin? Ne suis-je pas sans peur? Ne suis-je pas libre?
Quand m'avez-vous vu ne pas atteindre l'objet de mon désir, ou
tomber dans ce que j'aurais voulu éviter? Ai-je jamais blâmé
Dieu ou les hommes? Ai-je jamais accusé quelqu'un? Ai-je
jamais un air triste?... Quel est celui qui, en me voyant, ne
pense pas voir son seigneur et son maître? » (EPICTÈTE.)

CHAPITRE IX

« ATTACHEZ VOTRE CHARRETTE A UNE ÉTOILE[1] »

> Le Christ n'est pas venu pour détruire, mais pour parfaire ce qui est dans l'homme : les vérités et les grâces de la Révélation n'aboutissent pas moins directement à surélever la vie présente, qu'à acquérir la vie future.
>
> (IRELAND, archev. de Saint-Paul.)

> Je le sais, Dieu n'est pas une âme, c'est un cœur,
> Dieu, centre aimant du monde, à ses fibres divines
> Rattache tous les fils de toutes les racines,
> Et sa tendresse égale un ver au séraphin...
> Pour lui, créer, penser, méditer, animer,
> Semer, détruire, faire, être, voir, c'est aimer.
>
> (V. HUGO.)

> La douceur de vos créatures a trompé mon goût, et je n'ai point fait attention que votre douceur est plus délicieuse que celle du miel. C'est vous qui avez donné au miel et à toute créature la douceur qui leur est propre, ou plutôt c'est vous qui la leur avez prêtée... La douceur de vos créatures, considérée comme il convient, nous invite à nous approcher davantage de votre douceur éternelle, ô Jésus, source de toute douceur et de toute tendresse !
>
> (Saint BONAVENTURE, Soliloque.)

> Et j'ai désiré, et le sentiment m'a été donné ; j'ai prié, et l'esprit de sagesse est venu en moi.
>
> (La Sagesse, VII.)

L'acte du christianisme a été de couronner la vie par un culte sentimental. Il a institué le dialogue final : « M'aimes-tu plus que font ceux-ci ? — Seigneur, vous savez que je vous aime ! » Et encore : « Pierre, as-tu de l'amour pour moi ? »

1. Emerson.

Et encore une troisième fois! Chaque fois, Pierre répondit : « Seigneur, vous savez tout, vous savez que je vous aime », et il s'irritait presque d'entendre poser trois fois la question, car une personne qu'on aime ne l'ignore guère. Et, aussitôt, Pierre trahit; mais le Christ pousse l'amour jusqu'à mourir. Voilà le résumé philosophique de la vie.

La vie se corrige par elle-même. La raison ne nous donne pas le bonheur. La sensibilité nous le montre; mais même poussée à sa force la plus haute, elle ne peut s'y fixer. La douleur, la mort nous apprennent que tout passe, que les choses finissables se finissent, et même dans nos heures de joie, des pressentiments nous troublent.

« La nuit, j'ai cherché sur mon petit lit celui qu'aime mon âme, je l'ai cherché et ne l'ai pas trouvé. Je me lèverai, je ferai le tour de la ville, je chercherai dans les rues, sur les places publiques, celui qui est le bien-aimé de mon âme[1]. »

Notre bonheur dépend d'autrui, il dépend de trop de choses !... Un jour, il se flétrit ! Et alors le Bon Dieu (quoique aboli) se remet à nous gouverner, parce que, ayant eu soif d'un sentiment durable et sûr, nous reconnaissons, là, le vrai aliment, le vrai remède, le seul idéal vivant, l'amour dont nous avions prétendu remplir

1. *Cantique des Cantiques.*

la vie du monde, et qui n'existait qu'en nous.

Ayons donc la sagesse, la douceur, de garder, sans aucune subtilité[1], un grand amour pour Dieu[2]. Je dis « sans subtilité » ; c'est l'honneur de notre époque que la raison vienne en toute liberté au secours des croyances, mais, ici, il ne s'agit que de consolation, de calme et de miséricorde. Philosophes, théologiens, historiens, discuteront les problèmes, c'est leur devoir ; à côté de cette science, il y a un art, un art doux et modeste, un art de femme, tout fait de naïveté et de candeur, qui consiste à aimer Dieu, à mettre cet amour dans les cœurs les plus simples, à glorifier presque les pauvres d'esprit, à nous tendre une main trempée dans l'eau bénite et à sourire. Il est tellement plus aisé de ressentir les vérités nécessaires que de les comprendre ! Discutons le moins possible, puisqu'on ne peut pas vivre sans amour et qu'on peut vivre sans discuter !... Même si quelques légendes parasites déparent l'arbre théologique, qu'importe, puisqu'on cherche le fruit? On nous apprendra que tel ou tel saint n'a jamais existé, qu'il a vécu à tel siècle et non à tel autre, que Madeleine ne parut jamais en Provence, que René ne fut pas évêque d'Angers... Il y a des passionnés, des enthousiastes, des rêveurs, si on veut, à qui tout cela est égal, pourvu qu'ils

1. Mme de Chantal.
2. Jean Pérès, L'Art et le réel.

trouvent à s'enthousiasmer. Ils préfèrent aimer ce
saint inexistant qu'une niche vide, parce que ce
saint, c'est nous, il incarne à l'état idéal et place
sur l'autel les besoins de notre cœur.

« Mais, c'est revenir à un paganisme féminin,
à ce que saint François de Sales appelait les niai-
series d'imagination, à couper un fil en quatre, à
tout résumer dans la soutane de M. X... ou de
M. Z... »

Ah, certes, au contraire ! Puisse le ciel nous
préserver de certaines dévotions ! Mais, vous le
savez, il existe en France deux cultes, comme
deux politiques (car tout ce qu'il y a d'apparent
se gouverne d'une manière occulte, les foules se
transportent par des voies souterraines). Les uns
parlent, les autres agissent. Et, en pratique, c'est
souvent, comme disait Stuart Mill, « l'heure des
femmes ». Cela tient à ce qu'au fond, sous un scepticisme de commande, nous courons tous à un
idéal. Il y a cent ans, c'était à Athènes, c'était à
Rome, c'était au *Génie du Christianisme.* Maintenant, c'est à une armée, à un général, à un souverain étranger... Ne pourrait-on donc pas arriver à
ce que les femmes s'occupassent un peu de notre
religion, au moins extérieure, pour en faire un
beau et large culte ? En somme, la vraie religion
n'est pas un élément de lutte ni de discussion ;
c'est ce qui attendrit les êtres féroces, ce qui
calme les impatients, console les malheureux, ce

qui rend généreux les avares, pacifiques les tur-
bulents, heureux les maudits. On peut accepter
une foi toute faite, et en jouir.

Je sais qu'on se livre aux plus généreux efforts
pour nous satisfaire autrement. On travaille à fabriquer un art populaire. Nos rues, déjà, malgré
la multitude des tramways, fourmillent d'hommes
célèbres et de femmes nues... Mais que peut être
un art populaire, sinon l'art de donner à la vie
mên:^ du peuple tout son éclat, par des moyens
sincères et primitifs?

La société actuelle a un esprit essentiellement
théâtral. Pourtant, un spectacle de foire, ou même
les jambes des demoiselles sur un grand théâtre,
ne peuvent suffire à l'imagination d'un pays. Cela
plaît un instant, mais il faut au peuple un *leit-motiv*
plus sérieux, qui ponctue vraiment la vie misérable d'une belle note, régulière, d'absolu.... Il
faut que l'enfant le trouve déjà sur les bancs de
l'école, puis, que, devenu pauvre hère ou gros
fermier, sa vie en ce qu'elle a de grave se ramène
constamment à l'Universel, qu'une électricité
morale éclaire un peu la mort, le mariage, les
naissances...

Hé! ne sommes-nous pas tous peuple, de ce chef?
N'avons-nous pas besoin, pour arriver à l'endurance
suprême de la vie, de perdre la notion du temps et
du fini, d'entrer, nous aussi, dans l'universel et
l'éternel, comme ce beau mottet, ce beau tableau, qui

n'ont pas d'âge, puisqu'ils vivent et qu'ils touchent toujours! N'est-ce pas la règle précise de nos actes et de notre hygiène? Peut-être que nous digérerions mieux si un beau *benedicite*, bien dit, donnait à notre dîner de la noblesse et du calme! C'est ce que les papes avaient si bien compris, en rêvant de faire de Rome la capitale esthétique du monde. Certains d'entre eux ont pu exagérer l'idée; mais enfin ils ont bâti Saint-Pierre de Rome.

Les femmes pourraient nous rendre un immense service, ne fût-ce qu'en insistant sur le besoin d'idéal, contre l'assaut des forces barbares. On fait trop bon marché de la distinction de la vie. Au train dont on va, il n'y aura bientôt plus en France que le clergé qui reçoive une culture «d'humanités», et qui pense à autre chose qu'au commerce ou à la colonisation.

Tout porte les femmes à être les ministres de la religion sentimentale et esthétique: l'idéal les touche; le mystère final les attire... Au xvᵉ siècle, dans le fin fond de la plus rustique campagne de France, le ribaud Villon nous montre une bonne femme, à qui, tous les dimanches, certaine fresque du paradis et de l'enfer donnait un frisson de *paour* ou de *joye et liesse*. Elle sentait cette fresque, la pauvre vieille, elle en suçait la moëlle: c'est que l'église alors semblait un salon, où tous, bien portants ou malades, gais ou tristes, trouvaient la sensation du beau. Ou bien, en plein air, au milieu des moissons ensoleillées, on promenait un ostensoir d'or, des habits magnifiques, des chants, des psaumes, des idées, communion de la terre et du ciel. Nous pouvons dire tout ce que nous voudrons, trouver irrationnelle, stupide, enfantine, cette promenade en rond : seulement elle était utile, et probablement elle l'est encore !

« Le regard au ciel est une œuvre... Les esprits irréfléchis et rapides disent : A quoi bon ces figures immobiles du côté du mystère? à quoi servent-elles? qu'est-ce qu'elles font? — Hélas! en présence de l'obscurité qui nous environne et qui nous attend, ne sachant pas ce que la dispersion immense fera de nous, nous répondons : Il n'y a pas d'œuvre plus sublime peut-être que celle que font ces âmes. Et nous ajoutons : Il n'y a peut-être pas de travail plus utile[1]... »

Utile? à qui? d'abord, à elles-mêmes. Regardez les porteuses de bannières; elles sont laides, souffreteuses, visiblement éprouvées par l'existence, ou bien toutes jeunes encore et l'ignorant. Soit; mais si, sur ces figures, nous constatons un rayon de joie concentrée, un éclair de vie, c'est qu'il y a là un impressionnisme utile, même à côté du Moulin-Rouge. Il y a autre chose que du théâtre.

Utile encore à qui? à nous-mêmes qui croyons rire! Dans une charmante analyse de la *Tristesse con-*

---

1. V. Hugo

temporaine, M. Fiérens-Gevaert décrit le singulier sentiment qu'il éprouva, lui, sceptique, lui,
triste, mais artiste, un jour que, par le plus
grand des hasards, il entra dans un catéchisme
de petites filles. Il avait cherché partout une
fraîche sensation de calme moral, et il la trouvait ici, sans la chercher, au son d'un cantique
bien naïf. Peut-être n'avons-nous plus l'esprit
assez primitif pour jouir de ces impressions
franches. Tant pis. Mais il nous faudrait toujours
une heure de musique religieuse par semaine,
pour aérer nos pensées.

Ah ! non, ce n'était pas un procédé absolument
sot, de placer notre vie, comme on le faisait
jadis, sous l'égide d'un culte sentimental, d'un
idéal de femme, d'une Vierge-Mère à la fois
très pure et très mère, et d'inscrire sur nos autels
les maximes des esthéliciens, des platoniciens, des
chrétiens de la Renaissance : « Aimer, c'est savoir[1] !
L'amour est la première et la principale cause de
notre salut[2]. » Pour ce culte-là étaient toutes les
fleurs, tous les enthousiasmes et les cantilènes,
les précieux reliquaires et les cathédrales immenses : ce fut la douceur et le parfum printanier
du monde. Les voix les plus graves célébraient
l'amour comme le couronnement de la vie :
« Quel jour, disait-on à l'âme fidèle, que celui où

1. Trithemius.
2. Sadolet.

Marie, la mère du Seigneur, viendra à votre rencontre, environnée du chœur des vierges, où
l'époux lui-même s'avancera au-devant de vous
avec tous ses saints, et vous dira : *Lève-toi et viens ;
hâte-toi, ma bien-aimée, ma colombe, mon unique
beauté ! car l'hiver est déjà passé, les pluies se sont
dissipées et ont entièrement cessé* [1]. Alors, les anges
seront dans l'admiration au spectacle de votre
gloire, et ils se diront : *Quelle est celle qui monte
du désert, remplie de délices, appuyée sur son Bien-
aimé* [2]. Les filles de Sion le verront et célébreront
vos louanges. Les cent quarante-quatre mille
bienheureux qui sont toujours en présence du
trône et des vieillards prendront leurs harpes et
chanteront un cantique nouveau. Alors, vous vous
élancerez sans crainte dans les bras de l'époux,
vous vous écrierez dans votre joie : *J'ai trouvé
celui que mon cœur aime, je le possède et ne le
laisserai point aller* [3]. » Voilà, Mesdames, le but
de votre vie, selon les chrétiens.

Voilà pourquoi vous fûtes sacrées par le Christ
lui-même. Il voulait nous mener à l'amour. Sans
cesse, au cours de sa vie errante, on le voit appuyer
sur vous ses joies et ses douleurs. Il se complaît
à recevoir votre hospitalité, il guérit vos maux, il

1. *Cant.* 2.
2. *Cant.* 8.
3. *Cant.* Tout ce passage est tiré du *Soliloque*, de S. Bonaventure.

compatit à vos compassions, il absout vos cœurs, il aime celle qui lui répand des parfums, il est avec celle qui a perdu une dragme... On le croit encore au tombeau qu'à la porte d'un clos mystérieux l'une de vous rencontre quelqu'un dont le cœur n'est pas mort, et qui lui apporte la joie. Il paraît (c'est saint Augustin qui l'affirme) que le Christ eut toujours des femmes fidèles pour l'aider, et, lorsque ses apôtres s'élancèrent à la conquête du monde, c'est encore vous qui marchiez devant eux. Vos cœurs leur firent escorte, et vos mains les servirent. Et puis encore, pendant toute la longue série des grands siècles religieux, chaque fois qu'une haute figure apparaît, une figure de rédempteur et de dompteur de peuple, cette figure est double; homme et femme, raison et cœur; François d'Assise et Claire, Jeanne de Chantal et François de Sales, combien d'autres encore, en cette triomphante litanie de l'amour des choses hautes; on pourrait presque répéter le mot de Fénelon que, vraiment, le péché d'Adam était nécessaire à l'ordre divin!

Continuez! gardez-nous la beauté du monde!

Nous nous perdons quelquefois dans notre besoin de beauté et de rêve.

> Nous sommes les flocons de la neige éternelle
> Dans l'éternelle obscurité [1].

1. Victor Hugo.

Une ombre nous enveloppe, une ombre immense, l'ombre de nous-mêmes, et c'est en vain que nous levons les yeux vers les noires profondeurs du ciel. Vous nous montrez la lumière : c'est bien par vous que nous parle le cœur d'En-Haut.

Faites ressortir de notre existence tout ce qui est divin, apprenez-nous à oublier le reste. Après un voyage, nous faisons ainsi : nous oublions les ennuis, nous nous rappelons avec joie les bons moments... L'artiste qui regarde un paysage en fait chanter la poésie ; il cueille, il exagère peut-être certains traits délicats, et laisse les autres de côté. Tel est l'art religieux.

La vie a son miel et sa douceur. En tirer l'activité ferme que donnent la pureté des convictions [1] et l'émotion idéale [2], voilà la grande œuvre ! Il ne s'agit pas ici de mysticisme : nous ne sommes ni des anges, ni des animaux ; il s'agit seulement de monter par les voies naturelles, jusqu'à ce sommet admirable où l'on croit en Dieu, où l'on ne craint plus l'avenir, où on l'espère.

Comme l'oiseau

« Qui sent ployer la branche et qui chante pourtant,
Sachant qu'il a des ailes... »

Tant mieux si le bonheur conduit encore au

1. Le Play.
2. Al. Bain.

bonheur, l'amour à l'amour[1]... Mais, si vous rencontrez la douleur ou le sacrifice, la passion vous donnera, en effet, des ailes. Ainsi s'expliquent tous les héroïsmes : le sourire de la mère mourante à son nouveau-né, la mort du soldat en saluant le drapeau, d'autres morts encore, et quelques vies pires que la mort.

---

1. « Croit-on qu'un cœur en qui la faculté d'aimer aurait été cultivée et chrétiennement dirigée, ne serait pas mieux disposé par là même à monter des affections humaines, mais saintes, à l'amour suprême, qui est Dieu ? » (Dupanloup.)

À l'appui de ce mot, on pourrait citer bien des exemples. Bornons-nous à l'admirable *Récit d'une sœur*, par Mᵐᵉ Craven. Dans un tout autre ordre d'idées, citons la lettre écrite du fond de sa prison par Mᵐᵉ Roland, à Buzot, qu'elle aimait : « Je ne dirai pas que j'ai été au-devant des bourreaux ; mais il est vrai que je ne les ai pas fuis... » (M. Gréard.)

CONCLUSION

Un simple, un pur, qu'instruit son cœur
Vient vers toi. C'est ton sauveur.
                    (Rich. WAGNER, *Parsifal*.)

Heureuse la femme qui peut dire :
« J'ai été l'œil de l'aveugle et le pied du
boiteux. »
                    (JOB, 31, 29.)

Je n'ai pas la prétention, dans ce petit livre, d'avoir découvert un monde nouveau ni d'avoir tracé de l'action des femmes un tableau impossible ou même difficile à réaliser. Je crois avoir analysé des faits très simples, à peu près journaliers. Nous voyons, dans notre vie, l'œuvre de la raison et celle de la sensibilité se succéder presque mathématiquement comme les saisons, comme l'ombre et la lumière. Le monde part de la raison, et perpétuellement enfante l'amour, le désir. Nous portons le poids de la raison; quant à la femme, ministre de la sensibilité, éternelle porteuse des peines et des joies, elle remplit sa mission en fabriquant du bonheur pour nous. Si j'ose ainsi dire, nous digérons, elle respire. Voilà le résumé de nos observations.

Il reste seulement à insister sur ce point, que l'accomplissement de leur mission est aussi pour les

femmes le plus sûr moyen d'assurer leur propre
bonheur.

Cet empire de la sensibilité, où elles doivent
régner, est immense, presque indéfini ; il comprend tout ce qui pare la vie, tout ce qui touche
l'homme, depuis la peinture en bâtiments jusqu'aux plus hautes spéculations métaphysiques,
depuis l'art du bonheur intime qui est le principal,
jusqu'à l'art social. C'est, en somme, la religion
de la beauté, et l'art de son culte. S'il existe un
pays que la raison mène, celui-là échappe à l'empire des femmes : mais partout où la douceur et
la bonté exercent quelque influence, les femmes
ont à organiser, chacune dans leur sphère, le culte
de l'idéal, et à mettre de l'amour dans les choses,
surtout dans les tristes.

On comprend même que, devant une tâche si
vaste, quelques-unes hésitent. La maternité physique, certes, leur paraît d'un procédé tout naturel ;
mais, quand nous leur parlons de maternité morale,
elle se récrient, parfois elles craignent que ce soit
une bien grande charge de porter des idées ; elles
ont l'air de ne pas trop savoir comment s'y prendre.

Et pourtant, à supposer que toutes les femmes
y arrivent, la maternité physique cesse bientôt ;
au contraire, la maternité morale ne connaît ni
âge, ni limites. Vieilles, jeunes, mariées, non
mariées, riches, pauvres, toutes, Mesdames ou
Mesdemoiselles, vous avez à réconforter votre

cœur en nourrissant celui d'autrui. Et on peut dire
que cette mission comporte un véritable privilège.
Croyez-vous vraiment que, pour tous les hommes,
ce soit chose bien agréable de rester constamment
sur la brèche, armé de pied en cap contre son voisin, sous peine d'être vilipendé, trompé, volé,
harcelé, dévoré? Nous n'avons pas le droit de
vivre tranquilles; il suffit qu'il y ait auprès de
nous un être inférieur à nous pour qu'il nous en
veuille de son infériorité. Nous serions fort ridicules et fort mal venus de parler d'idéal. Quant
à vous, je ne dis pas que vous soyez au-dessus de
toute attaque; mais enfin (à moins que vous ne
vous fassiez hommes) il y a encore autour de
vous une sorte de trêve de Dieu; vous êtes dis-
pensées du service viril de haïr; en général, rien
ne vous oblige à vous battre pour l'argent, pour
le pouvoir, pour le reste...; vous avez le droit,
presque le devoir de vous maintenir dans les
sphères de beauté, votre rôle délicieux est d'aimer.
Dites-moi, faut-il vous en plaindre?

Cette maternité morale, une fois qu'on y a goûté,
se trouve au contraire avoir tant de charmes, que
de nobles femmes d'autrefois éprouvèrent, je
crois, la tentation un peu biblique d'abandonner
volontiers à des subalternes, à des servantes, les
opérations physiques de la maternité, mais jamais
elles ne se croyaient au bout de leur maternité
morale, de l'enfantement des idées par l'amour...

Inutile de vous dire qu'on vous prie instamment
de ne pas aller jusque-là ; mais enfin si ces dames
avaient de l'esprit et de l'élan, vous en avez tout
autant qu'elles, et les joies qu'elles ont goûtées,
vous les auriez aussi.

Vous ne savez comment vous y prendre. Ce
n'est pourtant pas difficile. Ne pouvez-vous plus
découvrir d'êtres ayant besoin de vie? et, de par
le monde, n'y a-t-il plus de gens malheureux, de
gens tristes, de misérables, de criminels, d'hommes
accablés, époumonnés? Est-ce que personne ne se
bat plus? Ne ressentirait-on plus l'urgente nécessité de rendre la vie aimable et chère?...

Vous entendez des cris de haine; ne vous demandez pas si ces douleurs qui hurlent sont méri-
tées ou non... Dites-vous délibérément aussi
que vous ferez des ingrats; et soyez l'amour, non
pas pour eux, mais pour vous, par ce motif que
c'est votre raison d'être, le secret de votre bonheur
personnel, et que vous ne pouvez pas vous en
passer. Qui sait? peut-être qu'ensuite, par hasard,
votre bonté se trouvera une habileté. Rien ne se
perd en ce monde : le parfum des bienfaits flotte
dans l'atmosphère, et quelqu'un viendra goûter
à ce miel... D'ailleurs, les temps changent si vite!
A certaines heures, quand les soi-disant hauts serviteurs de l'homme sage le renient et complotent
contre lui, l'amour seul subsiste. Des femmes qui
n'avaient pas prononcé près du Christ les paroles

de foi, n'eurent-elles pas cette sublime folie, pendant que les hommes fuyaient, d'aimer hardiment le Seigneur jusqu'au bout?...

Soyez l'amour pour vous, pour votre bonheur, pour assurer votre existence... Car l'instinct de maternité est si complet chez vous que, si la vie n'y répondait pas, vous tourneriez dans le vide. Quelque chose manquerait au monde, mais vous vous manqueriez bien plus à vous-mêmes! Vous n'êtes pas tout à fait heureuse, Madame!... Et toutes ces tristesses, tout ce cortège de troubles moraux, de chloroses, de perturbations gastriques ou autres qui affligent le corps et l'âme de tant de vos sœurs, tout cela ne vient-il pas souvent de ce que des femmes restent pour ainsi dire sans emploi? on ne les comprend pas, ou on ne s'occupe pas d'elles comme elles le voudraient, elles manquent de force morale, elles subissent les brutalités de la vie sans s'y habituer... On aurait grand tort de croire qu'il y a là une simple chimère d'imagination : leur être entier s'y intéresse.

Laissez-moi tout résumer par une simple observation tirée d'une clinique d'hôpital[1]. Une femme, mal mariée, se trouvait atteinte du délire de la persécution et de spasmes nerveux, de troubles digestifs, respiratoires..., etc. A l'hôpital, on la

---

1. M. Paul Janet.

guérit en lui prescrivant de soigner une autre infirme. Elle était malade de ne pouvoir se dévouer, de ne pas pouvoir aimer, de ne donner que « sa bête ». Elle manquait d'absolu et de sérénité! et, du reste, elle ne s'en rendait aucun compte, n'étant ni une raffinée, ni une délicate. En se dévouant à autrui, elle retrouva l'équilibre. D'elle-même, elle voulut aller voir de temps en temps son mari. Elle put ainsi se donner complètement, sans que rien eût à souffrir. Elle vivait...

Voilà pourquoi on peut vous dire d'être mères et de vivre. Vous aurez beau vouloir agir autrement, vous ne vous débarrasserez pas de votre cœur. Vous avez en vous un fonds de sensibilité qu'on ne parviendra pas à supprimer. Employez-le donc dans votre intérêt. Par vocation sociale, vous avez exercé la charité sociale, collective. Pour vous-mêmes, exercez la charité personnelle. Soyez passionnément, aveuglément charitables, puisqu'il y va de votre vie, de votre bonheur : dévouez-vous personnellement au bien sous toutes les formes, même dans la vie du monde (il y aura toujours autour de vous mille pauvretés physiques ou morales) ; soyez des anges de charité, quand même, considérant la fragilité des liens d'affection, vous en arriveriez à regarder d'un peu trop haut peut-être ce que les réalités ont d'un peu trop rude.

Où se réfugierait l'idéal, sinon dans le cœur des femmes?

Si M. le préfet de police ne connaît pas toutes les perverses, heureusement il est bien loin de connaître aussi toutes les sœurs de charité.

Et nous, si nous rencontrons de ces créatures d'élite dont les pieds ne touchent pas terre, qui passent comme dans un rayon de soleil, ne les rappelons pas à la vie ! Liguons-nous plutôt pour leur laisser ignorer le plus possible qu'il y a des hommes affreux, que, tout au moins, personne n'est parfait, que rien n'est absolument désirable, que toutes nos agitations se perdent en des résultats qui n'en valent guère la peine. Elles font un rêve divin. Elles croient à un espoir supérieur, puisque cet espoir est nécessaire. Elles incarnent la vraie loi divine, de fermer les yeux au mal, de tout aimer avec une magnifique injustice, de ne répondre à l'âpreté humaine que par le don de soi, de faire naître sous leurs pas les fleurs de grâce et de rédemption, de nous permettre de vivre et de trouver partout quelque chose de beau.

Par cette foi, par cette confiance, vous mettrez vos affections au-dessus des atteintes du vulgaire [1]. De l'heure présente qui passe si vite, vous tirerez une vie pleine d'événements idéaux et d'émotions

1. « Dans votre état, disait saint Vincent de Paul aux premières Filles de la Charité, on fait profession de donner sa vie pour l'amour de Dieu et pour le service du prochain. Y a-t-il quelque acte d'amour qui surpasse celui-là ? Après cela, pouvez-vous aimer quelque autre chose que votre vocation, et n'irez-vous toujours pas croissant en cet amour ? »

aussi durables que possible. Vous nous ferez
passionnément aimer, tous ensemble, une même
chose, qui est l'Unique et l'Eternelle. Au-dessus du
nécessaire, de l'utile, vous glorifierez la sensibilité. Dans les épreuves comme dans les joies, il
faut que nous puissions nous retrouver près de
ce que nous aimons pour étendre et reprendre
notre vie ; et, comme les affections terrestres ne
sont jamais, ni assez nombreuses, ni assez passionnées, ni immortelles, c'est à vous d'y mettre
un amour éternel, quelque chose d'indestructible
et de doux, afin que la sensibilité fasse résolument
son office et produise toujours la force et la raison. Ce qui revient à dire que la joie du monde,
c'est de remplir à force d'enthousiasme les vides
que la vie fait dans le cœur, c'est de se dévouer,
d'aimer, de croire, c'est l'espoir et l'amour issus
d'un acte de foi en Dieu.

Le bonheur est un amour actuel, ayant des
racines éternelles, un amour qui trouve ce qu'il
cherche, et qui peut encore espérer ce qu'il a.

FIN

TABLE DES MATIÈRES

PREMIÈRE PARTIE

LA VIE INFÉRIEURE

DEUXIÈME PARTIE

LA VIE MOYENNE

TROISIÈME PARTIE

LA FLEUR DE LA VIE

TOURS

IMPRIMERIE DESLIS FRÈRES

6, Rue Gambetta, 6

www.ingramcontent.com/pod-product-compliance
Lightning Source LLC
Chambersburg PA
CBHW071344280326
41927CB00039B/1721